Spiritualité et clairvoyance pour débutants

Elizabeth Owens

Traduit par
Sylvie Fortier

Copyright © 2005 Elizabeth Owens
Titre original anglais : Spiritualism & clairvoyance for beginners
Copyright © 2009 Éditions AdA Inc. pour la traduction française
Ce livre est publié avec l'accord de Llewellyn Publications, Woodbury, MN
Tous droits réservés. Aucune partie de ce livre ne peut être reproduite sous quelque forme que ce soit sans la permission écrite de l'éditeur, sauf dans le cas d'une critique littéraire.
www.llewellyn.com

Éditeur : François Doucet
Traduction : Sylvie Fortier
Révision linguistique : Féminin Pluriel
Correction d'épreuves : Suzanne Turcotte, Jeanne Morin
Conception de la couverture : Sylvie Valois
Mise en pages : Sébastien Michaud
Image de la couverture : © iStockPhoto
ISBN 978-2-89565-929-7
Première impression : 2009
Dépôt légal : 2009
Bibliothèque et Archives nationales du Québec
Bibliothèque Nationale du Canada

Éditions AdA Inc.
1385, boul. Lionel-Boulet
Varennes, Québec, Canada, J3X 1P7
Téléphone : 450-929-0296
Télécopieur : 450-929-0220
www.ada-inc.com
info@ada-inc.com

Diffusion
Canada :   Éditions AdA Inc.
France :   D.G. Diffusion
           Z.I. des Bogues
           31750 Escalquens — France
           Téléphone : 05-61-00-09-99
Suisse :   Transat — 23.42.77.40
Belgique : D.G. Diffusion — 05-61-00-09-99

Imprimé au Canada

Participation de la SODEC.
Nous reconnaissons l'aide financière du gouvernement du Canada par l'entremise du Programme d'aide au développement de l'industrie de l'édition (PADIÉ) pour nos activités d'édition.
Gouvernement du Québec — Programme de crédit d'impôt pour l'édition de livres — Gestion SODEC.

Catalogage avant publication de Bibliothèque et Archives nationales du Québec et Bibliothèque et Archives Canada

Owens, Elizabeth, 1948-
    Spiritualité et clairvoyance pour débutants : techniques de base pour développer vos dons psychiques

Traduction de : Spiritualism & clairvoyance for beginners.

ISBN 978-2-89565-929-7

1. Facultés psychiques. 2. Spiritisme. 3. Voyance. I. Titre.

BF1031.O9414 2009   133.8   C2009-941167-9

Table des matières

Preface 5
Remerciements 9

- Chapitre 1 — Comment tout a commencé 11
- Chapitre 2 — Définition de la clairvoyance 27
- Chapitre 3 — La méditation d'abord 45
- Chapitre 4 — L'interprétation 65
- Chapitre 5 — Les symboles 87
- Chapitre 6 — Les autres formes de clairvoyance 101
- Chapitre 7 — La psychométrie 113
- Chapitre 8 — Exercez-vous, exercez-vous, exercez-vous ! 131

Postface 153

Annexe : Ressources de développement 155
Glossaire 159
Bibliographie 165
Lectures recommandées 167
À propos de l'auteure 169

Préface

La clairvoyance est un don inné chez certains et une habileté que d'autres peuvent cultiver s'ils en ont le désir. En termes simples, *clairvoyance* signifie « voir clairement ». Elle est donc l'art de percevoir les entités spirituelles, visibles ou invisibles aux yeux d'autrui. La clairvoyance comprend également la capacité de voir, à l'aide de notre troisième œil, des couleurs, des symboles, des nombres, des mots, des visages et des scènes.

Cette aptitude existe depuis le début des temps, mais elle a pris de l'importance aux États-Unis lorsque les sœurs Fox sont devenues célèbres après avoir reçu un message d'un marchand ambulant, qui avait été assassiné et enterré dans le sous-sol de leur maison. Née de cette communication spirite, la religion spiritualiste a, depuis, incité des millions de personnes à considérer la possibilité de la vie après la mort et les avantages de communiquer avec ceux qui sont de l'autre côté du voile. La clairvoyance est une méthode qui permet de recevoir des messages de nos êtres chers vivant dans la dimension spirituelle.

Beaucoup de gens font spontanément preuve de clairvoyance dans leur enfance. Les quelques personnes assez chanceuses pour ne pas perdre cette capacité à l'âge adulte continuent d'expérimenter leur clairvoyance. Il ne s'agit pas d'un phénomène bizarre qui les classe parmi les hurluberlus. Si vous êtes un adulte qui connaît des épisodes spontanés de clairvoyance, vous devez comprendre que vous n'êtes pas anormal. Bien au contraire, vous êtes doué.

Il n'y a rien à craindre dans le fait de développer sa clairvoyance. La peur est ignorance. En effet, on craint ce qu'on ne peut comprendre. Le livre *Spiritualité et clairvoyance* dissipera la confusion qui règne dans votre esprit, et contribuera à répondre à vos questions. Vous découvrirez que le développement de vos facultés de clairvoyance, ou l'épanouissement de votre don inné, comporte plusieurs avantages pratiques. Applicable à de nombreux domaines, la clairvoyance est une habileté qui facilite la vie au quotidien. Saviez-vous qu'on peut faire appel à la clairvoyance pour déterminer la cause d'un ennui mécanique?

Que vous souhaitiez améliorer un don inné de clairvoyance ou développer une habileté latente, vous trouverez des outils pour vous aider dans votre quête. À la fin de la majorité des chapitres, il y a un espace de travail où vous pourrez inscrire le compte rendu de vos expériences, une fois les exercices terminés. Le dernier chapitre est consacré uniquement aux exercices pratiques.

La première fois qu'on essaie un exercice, il n'est pas rare de «voir» quelque chose, mais attention..., cela ne fait pas de vous un clairvoyant professionnel! Je le mentionne simplement pour souligner le fait que la clairvoyance est une habileté naturelle. Néanmoins, on peut cultiver ce talent utile grâce à la pratique et à la constance.

La vie est un voyage, et lorsque j'ai conçu les exercices présentés ici, c'était dans l'espoir que ceux-ci vous aident à vous créer une vie meilleure. Nous possédons tous le pouvoir de changer notre vie. Tout ce que nous avons à faire, c'est d'apprendre à canaliser l'énergie!

Je vous offre mes bénédictions les plus chaleureuses : que votre vie s'améliore toujours de plus en plus!

Remerciements

C'est avec une profonde gratitude que j'aimerais souligner le travail des clairvoyants du Camp spiritualiste de Cassadaga, qui ont participé à la réalisation de cet ouvrage. Leur apport a été extrêmement précieux à sa création. Mes remerciements les plus sincères aux personnes suivantes : révérende Phoebe Rose Bergin, révérende Diane Davis, révérend et docteur Warren Hoover, révérende Arlene Sikora, et révérend Jim Watson.

Des remerciements tout particuliers à ma chère amie, Carol Roberts, clairvoyante bien connue de la région de Milwaukee, au Wisconsin : merci beaucoup de ton partage !

J'ai eu beaucoup de plaisir à lire les courriels et les lettres de mes lecteurs. Merci d'avoir partagé votre enthousiasme et vos expériences avec moi.

Maints remerciements à la société Llewellyn Worldwide, qui continue de publier mes livres (la version originale anglaise).

Et comme toujours, merci à toi, Vincent, mon mari et mon meilleur ami.

Namaste!

Chapitre 1

Comment tout a commencé

La clairvoyance est une habileté naturelle. Elle fait partie de l'être humain depuis qu'il a foulé le sol, mais je n'ai pas l'impression que les peuples préhistoriques étaient conscients de cette forme de communication. Selon moi, les hommes et les femmes de la Préhistoire étaient des âmes qui participaient à une course d'essai. Il s'agissait pour l'âme de faire l'expérience de l'incarnation dans un corps physique afin d'entreprendre un nouvel apprentissage sur un autre plan de l'existence. Comme on se développe plus rapidement sur le plan terrestre que dans l'Au-delà, la Terre constituait l'endroit idéal pour s'incarner et apprendre.

Notre espèce a évolué de concert avec la planète. Au fil du temps, les êtres humains ont pris conscience de certaines de leurs habiletés plus particulières — habiletés qui les distinguaient des royaumes animal et végétal. Ils en sont venus à comprendre qu'en plus de l'intelligence, ils possédaient un autre don : l'intuition. Peut-être en parlaient-ils, mais peut-être que non. S'ils en parlaient, il se peut que l'une des habiletés mentionnées soit la capacité de « voir » des choses qui n'étaient pas à priori visibles à l'œil humain. La personne clairvoyante demandait alors à ses interlocuteurs s'ils voyaient eux aussi ce qu'elle voyait. S'ils partageaient cette expérience de clairvoyance, un dialogue s'amorçait. Si personne ne parlait, la personne qui « voyait » était vraisemblablement punie ou ridiculisée, peut-être même ostracisée. Encore une fois, ce ne sont que des spéculations personnelles de ce qui a pu arriver durant ces temps anciens.

Il y a de nombreux exemples de visites spirituelles et de déclarations prophétiques cités dans la Bible. Il est également vrai de dire que Nostradamus et d'autres êtres illuminés de cette époque prédisaient des événements. Mais en 1848, il s'est produit, aux États-Unis, un phénomène qui a fait indirectement connaître la clairvoyance et tout ce qui relève du domaine psychique, et depuis, tout a irrémédiablement changé. On a donné le nom d'« esprits frappeurs » aux coups qu'on avait entendus dans la maison de la famille Fox. L'intérêt suscité par le phénomène était si intense, et le désir de confirmer la véracité de la vie après la mort était si grand, qu'une religion a vu le jour. Avec des millions de fidèles fervents, elle a même changé l'opinion que beaucoup de gens avaient sur l'Au-delà.

Le phénomène a commencé lorsque M. et Mme John D. Fox ainsi que leurs deux filles ont emménagé temporairement dans une modeste villa de Hydesville, dans l'État de

New York, en attendant qu'on termine la construction de leur nouvelle résidence. Peu de temps après leur arrivée, la famille entendait des bruits étranges, des coups frappés, et percevait des vibrations et des mouvements. Plus le séjour des Fox se prolongeait, plus le vacarme persistait et s'intensifiait, au point de rendre le sommeil impossible. Les filles, Margaretta, 14 ans, et Catherine (Katie), 12 ans, ont commencé à en avoir assez de ces perturbations. Aussi, dans la nuit du 31 mars 1848, elles décidèrent d'insuffler un peu de fantaisie à la situation. Tapant dans ses mains, Katie demanda en s'adressant à ce qu'elle croyait être un esprit : « Monsieur Pied fourchu, faites comme moi ! »

L'esprit imita immédiatement Katie. Margaretta se mit de la partie en ordonnant à l'esprit de suivre ses directives. Elle commença à compter à voix haute tout en tapant dans ses mains. L'esprit frappeur reproduisait fidèlement le rythme.

Mme Fox s'est jointe à l'expérience, posant des questions à l'esprit et recevant aussi de petits coups frappés en réponse. Ses filles et elle ont élaboré un code, et finalement, Mme Fox fut en mesure d'établir que l'esprit frappeur était celui d'un vendeur ambulant qui avait été assassiné pour ses biens 5 ans plus tôt, à l'âge de 32 ans. Il s'appelait Charles Rosna. Il informa Mme Fox que son cadavre avait été enterré dans la cave.

La nouvelle de ce phénomène remarquable se répandit partout. Des centaines de personnes convergèrent vers Hydesville, New York, pour être témoins des communications spirites des sœurs Fox. Les informations sur ces événements étranges parvinrent à l'oreille de Leah Fox, la fille plus âgée qui habitait à Rochester, New York. Leah se rendit à Hydesville afin de mettre de l'ordre dans cette situation familiale pour le moins inhabituelle. Son plan consistait à ramener sa mère et sa sœur Katie avec elle à Rochester. Margaretta resterait à Hydesville avec leur frère David, qui habitait non loin de la villa. Leah espérait que les troubles cesseraient une fois les sœurs séparées. Apparemment, les esprits avaient un autre plan. Les coups frappés continuèrent même lorsque Katie resta seule dans la maison. À ce stade, il semblait futile de s'entêter à séparer les deux adolescentes; elles se retrouvèrent donc à Rochester.

Un soir, la famille décida de réciter l'alphabet à voix haute dans l'espoir de recevoir un message de l'Au-delà. À l'évidence, les esprits étaient impatients de communiquer, car ils se manifestèrent immédiatement, même dans le nouvel endroit. Le message qu'elles ont reçu leur demandait d'informer le monde des vérités que les sœurs recevaient, car on était à l'aube d'une ère nouvelle. Les esprits promirent que si les sœurs Fox faisaient leur devoir, Dieu les protégerait et des esprits bienveillants veilleraient sur elles.

Les dons psychiques de Katie et Margaretta s'épanouirent rapidement et les manifestations devinrent constantes. C'était une période fort excitante pour tous ceux qui y participaient. Les célébrités et les personnalités les plus influentes de l'époque étaient attirées par les sœurs Fox, et une nouvelle religion vit bientôt le jour : le spiritualisme.

Les célèbres abolitionnistes Isaac et Amy Post faisaient partie des célébrités qui devinrent des amis et d'ardents sympathisants des sœurs Fox. Par la suite, Amy Post devait d'ailleurs être reconnue comme la mère du spiritualisme contemporain.

Les sœurs Fox étaient présentes à la première réunion publique des spiritualistes, tenue le 14 novembre 1849, au Corinthian Hall, la plus grande salle de la ville de Rochester. Le 4 juin 1850, Katie et Margaretta transportèrent leurs démonstrations et le spiritualisme à New York, où de nombreuses célébrités s'étaient rassemblées pour assister à une séance. Horace Greeley, l'éditeur du *New York Tribune*, fut le premier à participer. Il devint un fervent adepte et joua un rôle important dans la diffusion du message spiritualiste auprès des résidents de l'État de New York, mais aussi dans plusieurs autres. Un grand nombre d'autres clairvoyants ont également fait leur apparition sur l'avant-scène, faisant progressivement connaître la clairvoyance et le message spiritualiste à des millions de personnes.

Au moment de la naissance de la religion spiritualiste, il était évident que le phénomène spirite se propageait. On raconte que, dans ce temps-là, le monde de l'Au-delà ressentait le besoin de fournir aux vivants une preuve qu'on survivait à la mort physique en passant tout simplement à une autre forme de vie. Pour démontrer aux humains qu'ils étaient toujours vivants, les esprits se lancèrent dans des exploits remarquables. Un fils décédé transmit un message qui ne pouvait être compris que par sa mère ; des instructions pour retrouver un médaillon égaré, un testament perdu, ainsi que d'autres documents et objets de valeur sont des exemples des types de messages qui furent reçus. Les esprits faisaient tout ce qu'il fallait pour attirer l'attention des vivants. Dans les salons où l'on organisait les séances, des objets lévitaient, des tables sautillaient sur une patte, des esprits se manifestaient et s'exprimaient à voix haute. Tous ces phénomènes se produisaient par l'entremise d'un médium.

Autrefois, il était courant pour ceux qui cherchaient une consolation à la suite de la mort d'un enfant, d'un époux ou d'un proche, d'avoir recours aux services d'un médium capable de faire le pont entre les deux mondes. Les proches endeuillés puisaient un grand réconfort en apprenant que l'être cher était heureux, qu'il ne souffrait pas et qu'il continuait de progresser. Tous les messages reçus étaient accueillis avec une joie plus qu'extatique. Ainsi, la veuve se trouvait immensément réconfortée d'apprendre que son époux décédé l'aimait toujours et qu'il la protégeait depuis l'Au-delà.

À l'époque, et encore aujourd'hui, la médiumnité présentait plusieurs facettes à partir desquelles un individu pouvait faire preuve de ses talents. Parmi ces talents, il y avait — et il y a toujours — la clairvoyance. Ami lecteur, le présent ouvrage propose de vous renseigner sur la clairvoyance et de vous aider à développer ce don merveilleux. Que vous soyez conscient de posséder un don inné en la matière ou que vous souhaitiez développer une capacité latente, ce livre vous assistera dans l'une ou l'autre de ces tentatives. La clairvoyance contribue à l'épanouissement d'une conscience plus aiguisée ; il y a moins de confusion et plus d'exactitude dans les décisions que l'on prend. On règle plusieurs problèmes récurrents du quotidien grâce à la clairvoyance. En développant cette aptitude, on peut accéder à une existence plus paisible au lieu de subir les effets des montagnes russes, en plus d'être en meilleure santé, plus heureux et d'accroître son potentiel créateur. Tout est possible !

Selon le révérend Jim Watson, ministre spiritualiste, la clairvoyance permet de faire des prises de conscience significatives. En usant de clairvoyance, on élargit sa conscience et on peut mieux anticiper l'avenir. On oriente ainsi sa propre vie, on devient cocréateur de sa propre existence. Jim affirme que le verset biblique « Demandez et vous recevrez » est un exemple qui s'applique parfaitement à la clairvoyance. Quelle que soit son intention, on n'a qu'à demander une réponse ou une directive et l'on recevra une vision. Une fois que le clairvoyant apprend à interpréter ce qu'il voit en méditation, il n'a plus à chercher les réponses, puisqu'elles lui sont montrées. Ainsi, en intégrant la clairvoyance dans son quotidien, on facilite sa vie.

Tout au long du livre, je donnerai non seulement mes commentaires, mais aussi ceux de six autres clairvoyants. Cinq d'entre eux habitent et travaillent dans une communauté historique, le Camp spiritualiste de Cassadaga, en Floride. Fondée en 1894 dans la ville de Cassadaga, c'est la plus ancienne communauté religieuse du Sud des États-Unis, et la seule encore en activité. Les cinq révérends clairvoyants dont vous lirez les commentaires sont Arlene Sikora, Dr. Warren Hoover, Diane Davis, Phoebe Rose Bergin, et Jim Watson. La sixième clairvoyante, qui habite à Milwaukee, au Wisconsin, est Carol Roberts, une amie très chère et une clairvoyante formidable. Afin de mieux vous faire connaître mes six collaborateurs, je vais vous transmettre les circonstances qui leur ont permis de découvrir leur don de clairvoyance.

Phoebe a commencé à voir des esprits alors qu'elle était encore une enfant. Elle se souvient surtout de l'un d'eux ; un Amérindien de haute taille qui restait debout dans un coin de sa chambre. Elle avait interrogé sa mère sur cet Amérindien et celle-ci lui avait répondu qu'il n'y avait rien à craindre, que c'était un guide spirituel qui la protégerait. Elle avait même confié à Phoebe le nom du guide : Aile écarlate. La mère de Phoebe l'avait aussi rassurée en lui disant que les esprits continueraient de se manifester dans sa vie et qu'elle les verrait épisodiquement. Phoebe fut réconfortée de savoir que les esprits étaient là pour prendre soin d'elle.

Phoebe a manifestement grandi dans une famille très ouverte, avec des croyances et des pratiques auxquelles l'enfant moyen n'était pas exposé. Cette initiation assez peu courante vient du fait que sa mère était clairvoyante. Tout a commencé quand les parents de Phoebe ont entrepris une quête de leur vérité, en étudiant diverses religions alors qu'ils vivaient à New York. Ils ont ensuite rencontré le célèbre médium spiritualiste Clifford Bias, en assistant à une séance de groupe, chez lui, sur la 44ᵉ Rue à New York. Toujours en quête d'information et d'expériences de croissance, la mère de Phoebe a aussi séjourné à Lily Dale, New York, et au Camp Silver Bell d'Ephrata, en Pennsylvanie, où l'on trouvait à l'époque des camps spiritualistes.

Au contraire de sa conjointe, le père de Phoebe était plutôt du genre sceptique. Comme le raconte Phoebe, il ne voulait pas de « trucs brumeux », mais des preuves tangibles. Cependant, il a changé d'avis le soir où le couple a assisté à une séance au cours de laquelle il a vu quatre objets, dont un tourne-disque, léviter dans la pièce. Il est devenu croyant sur-le-champ!

Phoebe avait 6 ou 7 ans quand sa famille a déménagé en ville dans un tout petit appartement. Elle se souvient que c'est là que sa mère a commencé à tenir de petites séances. La fillette observait et écoutait tandis que sa mère se mettait à parler avec la voix d'un guide amérindien ou d'autres maîtres spirituels qu'elle canalisait. Voilà l'initiation que Phoebe a vécue durant son enfance, qui diffère probablement beaucoup de la vôtre!

Comme je l'ai mentionné dans mon livre *How to Communicate with Spirits*, la révérende Arlene Sikora voyait aussi des esprits lorsqu'elle était enfant. À l'âge de 6 ans, Arlene a perdu sa grand-mère, partie dans l'Au-delà. À la veillée funèbre, la fillette vit son aïeule debout dans l'escalier. Elle se demandait pourquoi tout le monde était bouleversé et pleurait, puisque sa grand-mère était présente. Elle confia à un adulte que sa grand-mère était dans l'escalier, mais n'obtint aucune réaction.

Par la suite, Arlene commença à recevoir la visite de sa grand-mère presque tous les soirs, pendant près d'un an. L'aïeule se tenait généralement au pied du lit, ce qui effrayait la fillette. Quand elle raconta ses visites nocturnes à ses parents, ils n'eurent aucune explication à lui offrir. Au bout du compte, Arlene se mit à nier sa réalité, et les visites cessèrent jusqu'à ce qu'elle atteigne l'âge de 11 ans — au moment où la famille a déménagé en Floride. Les visites de la grand-mère reprirent en Floride, mais cette fois, elle apparut dans un nuage qui flottait au-dessus d'Arlene. Habituellement, elle tendait la main vers sa petite-fille en l'appelant. Comme on peut se l'imaginer, tout cela terrifiait Arlene ! Cette fois encore, elle en parla à ses parents, qui ne lui fournirent aucune réponse satisfaisante. Pour protéger sa santé mentale, Arlene refusa d'admettre de nouveau sa réalité et les visites cessèrent. Ce n'est qu'une fois adulte qu'elle s'est mise en quête de réponses qui allaient lui permettre d'expliquer ce qu'elle avait vécu enfant.

Quand il était enfant, le révérend Jim Watson voyait les esprits du coin de l'œil. Il avait environ 6 ans, et n'en savait donc pas assez pour comprendre ce qu'il voyait. Chaque fois qu'il apercevait un esprit et en parlait à quelqu'un, on lui répondait qu'il n'y avait personne. Jim ne se rappelle pas avoir été puni par ses parents pour avoir raconté ce qu'il vivait, pas plus qu'on lui ait suggéré de ne pas parler de ces phénomènes.

Néanmoins, même s'il n'obtenait pas de confirmation de la part des adultes, Jim jugeait naturelle l'existence des esprits, et il continua à en voir. Un jour, il vit un couple qui se tenait debout à l'extérieur, croyant qu'ils habitaient la maison de l'autre côté de la rue. Quand il le mentionna, on lui apprit que ces deux personnes étaient décédées depuis des années.

À l'âge de 6 ans, Jim vit le spectre de sa trisaïeule. Il rapporte que la vision avait l'apparence d'une ombre un peu transparente, semblable au négatif d'une photographie. Le spectre n'avait pas du tout l'apparence d'un être en chair et en os. Jim en parla à son arrière-grand-mère, qui vivait alors dans sa famille, et lui décrivit ce qu'il avait vu et ce que l'esprit portait. L'aïeule l'écouta, puis reconnut que la trisaïeule de Jim aurait en effet porté ces vêtements.

Elle ajouta d'un ton désinvolte qu'elle savait que son spectre venait parfois leur rendre visite.

Étant donné l'innocence propre à son jeune âge, Jim accepta ces événements comme faisant partie de l'ordre naturel des choses. En grandissant, il expérimenta d'autres épisodes du même genre, mais comme il croyait que tout cela était naturel, il n'y prêtait pas beaucoup d'attention. Nul doute que ce qui aida Jim à croire qu'il était naturel de voir des esprits est le fait qu'il fréquentait un ami qui, comme lui, voyait des esprits, et que les deux garçons échangeaient sur leurs visions. Par conséquent, il n'est pas surprenant qu'une fois dans la vingtaine, Jim se mit à lire sur les revenants, les phénomènes paranormaux et les hantises. À la mi-trentaine, Jim se rendit à l'église de Cassadaga, où il fut initié à une religion entièrement basée sur la communication spirite. C'est à partir de là qu'il a entrepris de cultiver ses dons.

Enfant, la révérende Diane Davis était naturellement intuitive. Elle se souvient qu'à l'âge de 6 ans environ, elle ressentait une sorte de « certitude » par rapport à certaines choses. Ce sentiment très prononcé était généralement suivi d'un événement synchrone. Un jour, tandis qu'elle visitait le Musée Heard à Phoenix, en Arizona, Diane s'est inscrite à un concours de cake-walk[1], que le musée avait organisé pour les enfants. En regardant l'assortiment de gâteaux alignés pour les vainqueurs, Diane vit un gâteau au chocolat. Elle sut tout de suite qu'elle le gagnerait, et c'est exactement ce qui s'est passé.

Ce n'est que quelques années plus tard, une fois adulte, que Diane s'est inscrite à des cours de méditation à Cassadaga. Au début, elle suivit ces classes à des fins de

---
1. Le cake-walk est une danse populaire négro-américaine qui fut en vogue vers 1900.

croissance et d'enrichissement personnels. Elle n'avait aucune idée préconçue, ni aucune attente. Toutefois, les résultats ne se firent pas attendre! En fait, ses commentaires étaient tellement justes que dès le premier cours, on la classa parmi les intuitifs-nés. Après six mois d'études, Diane voyait les esprits.

Ce qui m'a toujours impressionnée de Diane, c'est qu'elle est toujours tellement «à-propos». C'est une véritable sensible, dans le meilleur sens du terme. Elle utilise son don autant dans la conversation qu'en vaquant à ses occupations. Lorsque, dans sa vie, elle se heurte à des obstacles, elle lit la situation par psychométrie, accueille l'inspiration, et est alors mieux outillée pour résoudre le problème. Sa sensibilité aiguë lui sert dans l'accomplissement de ses activités de façon quotidienne.

Quand il était enfant, le révérend Warren Hoover voyait aussi les esprits, tant objectivement que subjectivement. Tout a commencé à l'âge de 6 ans. Il avait également des visions, même si elles n'étaient pas d'une extrême importance. D'ordinaire, les visions concernaient sa famille et lui venaient en rêve. Le premier esprit qu'il a vu était celui de son frère aîné décédé. Le spectre a traversé la porte de la chambre à coucher, s'est approché de Warren couché dans son lit, et s'est adressé à lui. Warren a même entendu ses paroles. Le frère de Warren lui avait rendu cette visite surnaturelle parce qu'il voulait l'informer qu'il allait bien. Même s'il n'avait que 6 ans à l'époque, Warren rapporte qu'il était sûr de ce qu'il avait vu et entendu, et que rien ni personne n'était parvenu à le faire changer d'avis. C'est ce phénomène qui a attisé la curiosité de Warren pour le monde spirituel.

Comme Phoebe, Warren a eu la chance d'avoir une mère clairvoyante. Cette dernière avait embrassé la religion spiritualiste à l'âge de 18 ans et fréquenté un temps le Camp Silver Bell. Par conséquent, quand Warren lui a raconté la visite de son frère, elle n'en a pas été affectée et l'a acceptée comme un fait avéré.

Les habiletés innées de Warren ont continué de s'épanouir à l'âge adulte, mais il n'a suivi aucune étude formelle pour favoriser son développement avant qu'un voisin lui raconte son séjour au Camp Silver Bell. Après que l'homme lui eut décrit les phénomènes dont il avait été témoin au camp, sa curiosité fut piquée et il entreprit officiellement des études pour développer ses dons.

Enfant, Carol Roberts vivait des épisodes de *déjà vu*. Quand elle entrait dans une pièce qui lui était inconnue, elle connaissait déjà la disposition des meubles. Elle avait l'impression qu'elle avait déjà visité les lieux, alors que ce n'était pas le cas. Par ailleurs, Carol savait souvent ce qu'elle verrait avant même de tourner le coin d'une rue. À 7 ou 8 ans, ces expériences la terrifiaient. Lorsqu'elle confia ce qu'elle vivait à son père, il la rassura en lui disant que ces incidents ne présentaient aucun danger. Il ajouta qu'il avait vécu la même chose quand il était enfant. Naturellement, Carol se sentit réconfortée, ce qui lui permit d'accepter ses expériences comme faisant partie de la normalité.

Dans sa jeunesse, Carol a vécu plusieurs événements qui lui ont démontré ses capacités innées. Même si elle était la cadette, Carol se sentait plus mature que ses deux sœurs aînées et elle a toujours eu le sentiment qu'elle en savait plus qu'elles. Elle trouvait curieux qu'elles soient ignorantes de certaines choses.

Carol avait des prémonitions inhabituelles. Ainsi, elle venait d'entrer au lycée quand elle vit le garçon qui allait devenir son conjoint. Elle ne l'a vu que de dos, mais elle a agrippé le bras de son amie et déclaré : « C'est l'homme que je vais épouser un jour. » Elle *savait* certaines choses qui allaient bien au-delà de ses années d'expérience.

Au secondaire, les amies de Carol la questionnaient au sujet de leurs amours : « Va-t-il me rappeler ? » Selon le cas, Carol répondait : « Ne t'inquiète pas, il va te rappeler », ou bien « Je suis désolée, mais il ne te retéléphonera pas ». Sans s'expliquer comment, elle savait toujours si le garçon allait rappeler la jeune fille ou pas. Après coup, elle se demandait toujours d'où lui venait la réponse. Ses amies, par contre, ne se posaient même pas la question. Carol mettait toujours de côté ses expériences, car elle ne voulait pas se démarquer des autres. C'est seulement quelques années plus tard, après avoir accouché avec difficulté de son fils, que Carol a commencé à lire sur le psychisme et à l'explorer.

Pour ma part, à l'âge de 20 ans environ, je me suis passionnée pour l'astrologie. Bien que je n'aie jamais été assez douée dans cette science pour établir des cartes du ciel, j'ai beaucoup appris sur les gens en étudiant leur signe astrologique et leur ascendant. Plus tard, alors que j'habitais à Orlando, en Floride, une clairvoyante formidable m'a fourni une lecture de mon signe. J'ai été tellement intriguée par l'expérience que j'ai décidé de suivre ses traces. Je voulais devenir clairvoyante. J'ai donc commencé à étudier avec elle. Durant les cours, j'ai découvert que même si je ne me souvenais pas d'avoir vu des esprits étant enfant, les images que je voyais m'étaient familières : j'avais vécu les mêmes sensations lorsque j'étais fillette, assise toute seule dans ma chambre. Je me rappelle aussi que j'entendais des « bruits » au rez-de-chaussée de la maison. Ce que je vivais en méditation était à la fois familier et nouveau.

Mes parents étaient aussi éloignés du spiritualisme que ceux de Warren et de Phoebe y étaient plongés. Cela va sans dire que si j'avais mentionné ce que je voyais ou percevais du monde spirituel, mes parents m'auraient répondu que ce n'était que mon imagination. Ma mère bon chic bon genre aurait été horrifiée et aurait cherché à bannir ces pensées de mon esprit. C'est peut-être ce qui explique pourquoi je n'ai pas le souvenir d'avoir vu des esprits dans ma jeunesse, mais je me rappelle les sensations.

La clairvoyance est l'art de voir ce qui est caché sous d'un voile.

Chapitre 2

Définition de la clairvoyance

La clairvoyance est l'art de voir en se servant d'un autre sens que les cinq dont on se sert d'ordinaire; d'ailleurs, on le désigne souvent sous le nom de « sixième sens ». Le terme clairvoyance vient de deux mots français : « clair » et « voyance », ce qui nous donne comme définition la « capacité à voir clair ». Dans son ouvrage, *The Encyclopedia of Psychic Science*, Nandor Fodor écrit que la clairvoyance est un mode de perception supranormale dont le résultat est une image visuelle qui se présente à l'esprit conscient. La perception peut prendre la forme d'objets ou de formes distantes dans l'espace, ou dans le temps — passé ou futur.

Plusieurs affirment que la vision clairvoyante s'exerce à partir du troisième œil. Cet œil est en fait une glande, la glande pinéale, située dans la zone postérieure du cerveau, presque au centre du crâne, à environ trois centimètres au-dessus des yeux, d'où l'expression « troisième œil ». Lorsque cette zone commence à s'ouvrir au cours d'une phase de développement, on ressent fréquemment une démangeaison ou un picotement sur la peau du front.

La clairvoyance est associée au côté droit du cerveau, qui englobe les aspects féminins, créateurs et intuitifs de l'être. Il est normal de ressentir des sensations physiques du côté gauche du corps quand on pratique la clairvoyance parce que l'énergie entre dans le corps par ce côté, transformant ainsi le côté gauche en récepteur. Cette énergie active ensuite le côté droit du cerveau. La clairvoyance capte des messages, des formes, des couleurs, des symboles, des nombres et des objets d'autres dimensions. Les images peuvent rester visibles pendant un moment, ou quelques secondes seulement, et sont perceptibles les yeux ouverts ou fermés.

Carol définit la clairvoyance comme la capacité de sortir de sa bulle personnelle pour entrer dans d'autres champs énergétiques. Elle ajoute que « l'on doit écarter sa personnalité, ses pensées, ses préoccupations et ses problèmes afin de devenir un canal réceptif. On ressent et l'on partage alors les émotions de la personne dont on fait la lecture. On ne pense plus à son ego, mais seulement à son profond désir de guérir ».

Même si la clairvoyance se vit de bien des manières, on peut établir deux catégories fondamentales : la clairvoyance objective et la clairvoyance subjective.

Clairvoyance objective

On parle de clairvoyance objective quand le médium est capable de voir clairement des entités spirituelles qui restent invisibles aux yeux d'autrui. Ce don est considéré comme assez inhabituel. Selon les enseignements spiritualistes, il y a clairvoyance objective lorsqu'on perçoit les objets et les esprits de l'Au-delà à l'aide de ses sens spirituels, sans passer par le mécanisme organique de la vision.

Warren définit la clairvoyance objective comme la capacité de voir clairement à l'aide des yeux du corps : la vibration suit les nerfs optiques jusqu'au cerveau, et l'on voit l'entité spirituelle à l'aide du sens physique de la vision. Pour Arlene, c'est la capacité de voir un esprit normalement invisible aux yeux d'autrui, même quand il est présent. Elle ajoute que pour percevoir les esprits, il est bon d'être «en harmonie avec soi».

Voici un exemple de clairvoyance objective. Au milieu de la nuit, Bettie n'arrive pas à dormir, ce qui n'est pas inhabituel dans son cas. Elle se lève et, sans allumer, elle se met à déambuler dans la maison. Alors qu'elle emprunte le couloir pour regagner sa chambre, elle manque de passer au travers d'une entité spirituelle qui marchait dans le couloir au même moment. Bettie voit très clairement l'esprit devant elle. Elle le salue. Il incline la tête puis se dissipe dans l'air. C'est un cas de vision objective : Bettie a réellement *vu* l'esprit.

Or, Bettie n'est pas une clairvoyante professionnelle, et elle n'essayait pas de communiquer avec les esprits. Comme elle n'arrivait pas à dormir, elle déambulait tout simplement dans la maison, sans prêter attention à ce qu'elle voyait. Elle n'a pas reconnu l'esprit qu'elle a croisé dans le couloir, ce qui n'est pas rare. Il est probable qu'il ne faisait que « passer », et Bettie s'est adonnée à se trouver là au même moment. Quoi qu'il en soit, Bettie a toujours vu les esprits ; elle possède un don inné qu'elle ne désire pas cultiver davantage.

Tout le monde a la capacité de voir les esprits. On peut capter une vision fugitive du coin de l'œil, ou un fragment de quelque chose qui se défile très vite, comme l'a vécu Jim Watson, enfant (*voir le chapitre 1*). Il n'est pas rare que les esprits attirent ainsi notre attention. Quand j'avais 22 ans, je vivais dans un appartement au-dessus d'un restaurant. Une nuit, en me réveillant, je me suis retournée dans mon lit. Une jeune femme aux cheveux blonds vêtue de blanc se tenait debout à la porte de ma chambre. Elle n'a pas bougé, ni prononcé un mot, mais il n'en reste pas moins qu'elle m'a fait horriblement peur. J'ai changé de côté et remonté les couvertures. Je voulais qu'elle s'en aille. Quand j'ai fini par rassembler assez de courage pour me retourner, elle avait disparu.

Même si elle m'avait effrayée, j'étais assez intriguée pour mener ma petite enquête. J'ai demandé aux propriétaires du restaurant s'ils savaient quelque chose sur cette jeune femme, mais personne ne la connaissait. Il y avait une pièce vide au-dessus de mon appartement, et j'y suis montée pour l'explorer. Je ne me souviens pas d'avoir fait une découverte significative, et je n'ai jamais revu l'esprit de la jeune femme. Même si je suis clairvoyante professionnelle, je n'ai plus jamais eu de vision spectrale aussi claire. Peu importe qui était cette revenante, elle a assurément attiré mon attention; d'ailleurs, j'en ai fait mention plusieurs fois dans mes livres.

Si vous avez vécu une expérience semblable, où vous avez vu ou entendu un esprit et que vous avez été incapable de l'identifier ou de comprendre la raison de cette manifestation, c'est le signe que vous possédez des talents cachés et inexploités qui méritent d'être cultivés. Cela peut aussi être un signe pour vous avertir qu'il y a dans ce monde plus que ce que nous appréhendons normalement, et que vous en êtes instruit. L'exemple suivant illustre parfaitement cette explication.

Phoebe avait épousé un homme prénommé Bill, un catholique qui ne croyait pas du tout à la parapsychologie. Selon lui, ce n'était qu'un fatras de sornettes. Un jour, Bill eut la curiosité de demander à la mère de Phoebe s'il avait un guide spirituel. Elle lui donna le nom de son guide amérindien et lui en fit la description. L'affaire en est restée là jusqu'à ce que Phoebe et Bill déménagent dans le Connecticut, quelques années plus tard.

En raison de son emploi, Bill parcourait de 90 000 à 110 000 km par an. Un jour, alors qu'il était en déplacement, il entendit une voix : « Appuie sur l'accélérateur et change de voie. » Il jeta un coup d'œil autour pour voir d'où provenait la voix. La radio était éteinte et il n'y avait personne, à part lui, dans la voiture. Puis, Bill entendit l'ordre une seconde fois, mais beaucoup plus fort. Bill décida de changer de voie. Juste à ce moment-là, un pneu tomba d'un camion qui roulait en sens inverse sur l'autoroute. Le pneu fila devant le camion de Bill, le frôlant de quelques centimètres.

Bill rapporta qu'il était en nage et affirma : « Vous savez, je crois qu'il y a du vrai derrière tout ça. Je pense que ce guide, cet Amérindien, était avec moi. »

Trois jours avant sa mort, Bill aperçut sa mère et sa sœur décédées alors qu'il se rendait à la salle de bain. Quand il a rapporté la chose à Phoebe, elle fut ravie d'apprendre qu'il avait reçu une visite de sa famille et rejoint la foule des croyants. Par contre, pour Bill, c'est l'histoire du pneu qui s'est avérée la plus probante !

Il arrive fréquemment que nos proches se rassemblent autour d'un membre de la famille à l'agonie. Nombre de gens ont vu un proche mourant adresser des paroles en l'air à un défunt. Il est probable que la personne agonisante reconnaisse des proches décédés qui sont là en esprit, mais qu'elle seule peut voir.

Les veuves reçoivent souvent la visite de l'esprit de leur mari peu après leur décès. Il arrive souvent que l'esprit des personnes que nous avons connues vienne nous rendre visite pour voir comment nous allons, car l'esprit autrefois incarné sur le plan terrestre continue de nous aimer, même désincarné. Comme il veut savoir comment on va et ce qu'on fait, il arrive qu'on le voie distinctement. Cependant, le fait de *voir* un esprit de façon tangible reste une occasion unique. Cela n'indique pas nécessairement qu'on possède un don de clairvoyance objective.

La clairvoyance objective n'est pas une circonstance habituelle ; je la comparerais plutôt au fait de posséder une voix extraordinaire. Ainsi, la voix d'un chanteur d'opéra est un véritable don sur le plan vocal — essentiellement réservé à une élite. Au XIXe siècle et jusque dans les années 1960, il était beaucoup plus courant de voir distinctement les esprits. Toutefois, les énergies de la Terre ont grandement évolué, notre alimentation a changé et notre environnement contient beaucoup plus de polluants : tous ces facteurs contribuent au déclin du phénomène de la clairvoyance objective.

C'est un don qui ne peut se développer délibérément, de la même manière que nous ne pouvons pas tous chanter comme Céline Dion. Après tout, le monde spirituel est aussi ordonné. Si un esprit ne veut pas se manifester, il ne le fera pas. Il n'y a absolument aucun moyen de le forcer à le faire. Croyez-moi, si c'était possible, je connais beaucoup de gens qui feraient la queue pour vivre l'expérience! La clairvoyance objective ne s'enseigne tout simplement pas. Cependant, avec le temps et la pratique, il est possible que le royaume spirituel vous accorde cette bénédiction.

Je connais une clairvoyante, qui pratique le métier depuis 12 ans, qui a récemment croisé un esprit alors qu'elle se rendait à la salle de bain durant la nuit. (Il semble que le fait de se promener au beau milieu de la nuit constitue un facteur important!) Elle fut assez stupéfaite, mais ravie, de *voir* distinctement l'esprit. C'était une première pour elle, et, je l'espère, un début.

Clairvoyance subjective

La forme de clairvoyance la plus courante est la clairvoyance subjective. Selon l'explication des enseignements spiritualistes, la clairvoyance subjective se manifesterait lorsque les entités spirituelles manipulent les centres nerveux de la vision pour imprimer sur la rétine et dans le cerveau des images qui restent invisibles à l'œil. C'est ainsi que l'on « voit » des images, des scènes, des nombres, des mots, des couleurs, des gens, et ainsi de suite, dans son esprit. C'est plus qu'une impression fugitive. La clairvoyance subjective peut se manifester aussi bien les yeux fermés que les yeux ouverts. Elle peut aussi se produire de façon spontanée ou être induite par la méditation. Selon moi, comme c'est la forme la plus courante, tout le monde peut la développer jusqu'à un certain point.

Dans les services spiritualistes de communication spirite, il arrive qu'un clairvoyant transmette un message à une personne dans l'assistance en lui disant, par exemple, qu'il voit sa grand-mère debout à côté de lui. Le clairvoyant ne « voit » pas vraiment la grand-mère. Il reçoit vraisemblablement l'image mentale de la grand-mère debout à côté de son petit-fils. Le clairvoyant ne voit donc pas vraiment l'esprit. Nous employons fréquemment l'expression « Je vois . . . à côté de… », lorsque nous transmettons des communications spirites au public.

Phoebe perçoit des couleurs, des scènes et des personnages subjectifs, mais rarement des symboles. Dans le cadre d'une lecture, elle préfère fermer les yeux afin de ne pas se laisser influencer par la réaction de son client. En travaillant les yeux fermés, elle peut se concentrer exclusivement sur ce qui apparaît sur son écran mental.

Selon les vibrations et son état de conscience et de vigilance du moment, Warren vit les deux formes de clairvoyance. Il considère la clairvoyance subjective comme une expérience plus vague et plus éthérée, étant donné qu'elle se vit à l'aide du troisième œil. Quand je l'ai interrogé, Warren a mentionné que la glande pinéale contient des cristaux de germanium et répond aux vibrations électriques. Les cristaux de germanium sont fréquemment utilisés en électronique. Sensibles aux signaux électroniques, ils répondent également aux vibrations et aux formes métalliques. Dans l'organisme, ils sont assez sensibles pour percevoir une entité ou une personnalité spirituelle, ou une vibration psychique. Toute cette activité se produit dans la glande pinéale.

À l'instar de Warren, Arlene a le privilège de pratiquer les deux formes de clairvoyance. Selon son expérience, les esprits lui apparaissent parfois sous forme solide au moment d'une lecture, alors que dans d'autres cas, ils se manifestent dans son conscient. De temps à autre, certains se manifestent inopinément tandis qu'elle vaque à ses occupations, même à l'extérieur de son cabinet de lecture. Néanmoins, les apparitions spontanées n'ont rien de surprenant pour Arlene, puisqu'elle en voit souvent.

Dès l'âge de 2 ans jusqu'à environ 7 ans, et même 9, il n'est pas rare que les enfants vivent des expériences mystiques et spirituelles. Comme ils ont quitté la dimension spirituelle depuis peu, ils sont ouverts à recevoir. La révérende Diane Davis se souvient qu'étant enfant, elle bavardait de longues heures au téléphone-jouet avec un « ami » que personne ne voyait, à part elle.

Arlene sait que les enfants voient aisément les esprits. Après tout, elle en a fait elle-même l'expérience. Le don est à son sommet quand l'enfant a 6, 7 et 8 ans. Bien entendu, la capacité est présente dès la naissance, mais elle devient perceptible vers l'âge de 7 ans.

Il arrive que les enfants aient peur de ce qu'ils voient, et ils effraient souvent leurs parents en leur racontant leurs expériences. Bien souvent, les parents ignorent tout de ce type de travail spirituel et ne connaissent personne qui l'exerce. Certains se tournent vers Carol Roberts pour être guidés et pour mieux comprendre ces questions. En discutant avec Carol, ils sont soulagés d'apprendre que d'autres ont vécu ces événements uniques. Par conséquent, les enfants retrouvent leur allégresse lorsqu'ils se rendent compte qu'ils ne sont pas bizarres ou que leurs parents ne vont pas les punir pour avoir affirmé voir quelque chose qui reste invisible aux yeux de leurs parents.

Si notre société reconnaissait les expériences clairvoyantes des enfants comme une étape d'un processus spirituel, et qu'elle les considérait comme naturelles et représentatives de la vérité de la réalité humaine, la clairvoyance deviendrait une habileté commune à tous. Si l'on permettait aux enfants de demeurer ouverts et réceptifs, leur don inné de clairvoyance ne tomberait pas en dormance, comme ce fut le cas pour Phoebe et Warren durant l'enfance. Malheureusement, certains parents ne sont pas éveillés, et quand un enfant insiste pour dire qu'il voit « oncle Joe » sur le seuil de la porte, ils lui répondent simplement qu'il n'y a personne. L'enfant finit par nier ce qu'il voit et une fois adulte, il oublie même qu'il a déjà pu voir des esprits.

Nous sommes tous d'accord pour dire que tous les enfants voient des esprits jusqu'à ce qu'un adulte leur dise que ce n'est que leur imagination. Voici donc un petit conseil à l'intention des parents : ne dites jamais à votre enfant qu'il imagine des choses, qu'il hallucine, et que son ami imaginaire n'existe pas. Comme les enfants font confiance au jugement de leurs parents et qu'ils les considèrent comme parfaitement sages et intelligents, ils acceptent ce que ceux-ci lui disent et ferment leur esprit à tout ce qui entre en conflit avec leur version de la vérité. Par conséquent, faisons en sorte d'observer les capacités de nos enfants et de ne pas les décourager quand ils perçoivent la dimension spirituelle. Chacun de nous a vu et expérimenté ce phénomène dans son enfance, mais dans la plupart des cas, nous l'avons oublié.

Selon Warren, le fait d'initier les enfants aux questions psychiques les rend plus ouverts au monde spirituel et plus tolérants. Avec la radio, la télévision et le cinéma, les jeunes d'aujourd'hui sont exposés à beaucoup de matériel psychique. Il y a 25 ans, on n'aurait jamais vu des personnalités comme John Edward ou Sylvia Browne au petit écran. À l'époque où la censure interdisait même l'usage du mot « enceinte », l'idée de communiquer avec les esprits n'aurait jamais été transmise au grand public. Or, certaines pratiques associées au spiritualisme font désormais partie de la vie de tous les jours. On enseigne même la parapsychologie dans certaines universités.

Warren a été invité à donner une conférence à une classe en religion comparée à l'Université Bethune Cookman à Daytona Beach, en Floride. Avant de l'accompagner dans la classe, l'enseignant a dit à Warren : « Savez-vous que vous êtes dans une école méthodiste ? Vous pouvez vous attendre à tout ! » L'enseignant voulait avertir Warren de la vocation religieuse de l'institution, et qu'on réfuterait certainement ses affirmations au moment de la période de questions. Or, la première question qu'on posa à Warren après son exposé fut : « Que pensez-vous de la projection astrale ? » Selon toute vraisemblance, les étudiants avaient été exposés à des modes de pensée alternative.

Warren et moi avons été interviewés par trois étudiants de l'Université Stetson à DeLand, en Floride, dans le cadre d'un projet réalisé pour un cours en religion comparée. Ils étaient complètement ouverts à nos propos, et même en accord avec certains points essentiels. Rien de ce que nous avons dit au cours de l'entrevue ne les a choqués.

Les adultes souhaitent souvent cultiver leur clairvoyance, même s'ils n'ont aucun souvenir d'avoir vu des esprits durant l'enfance. S'ils n'en ont jamais ressenti le désir avant, il n'est pas rare que les gens dans la quarantaine, la cinquantaine et plus s'intéressent au développement de leurs dons spirituels et psychiques. Selon la révérende Phoebe Rose Bergin, lorsque le désir se manifeste à cet âge, c'est que la lutte pour la survie matérielle est enfin terminée. À cet âge, les gens sont généralement assez à l'aise sur le plan matériel et sont en quête de sens, d'une approche plus spirituelle de l'existence.

Parfois, ceux qui ont expérimenté la clairvoyance dans leur enfance jouissent toujours de leur don, mais, comme je l'ai mentionné, il est plus fréquent de perdre cette capacité en vieillissant. Quoi qu'il en soit, tout un chacun est clairvoyant. Oui, même vous qui lisez ces lignes en ce moment, assis dans un fauteuil ou debout dans une librairie ! Mettons les choses au clair : il n'y a rien de mystérieux à être clairvoyant — c'est normal. Lorsque nous savons d'instinct que c'est notre sœur qui appelle, même si elle ne téléphone jamais à cette heure de la journée, nous faisons la preuve de notre clairvoyance. Lorsque nous pensons de but en blanc à une personne perdue de vue depuis des années, et que nous recevons un courriel plus tard dans la soirée, nous démontrons de nouveau nos aptitudes de clairvoyance.

Par contre, une médium est une personne dont la sensibilité est telle qu'elle a la capacité de percevoir les entités spirituelles et de communiquer avec elles. On affirme que les communications reçues par les médiums spiritualistes prouvent l'existence de l'Au-delà. Les personnes qui pratiquent la méditation et qui, en tant qu'adeptes du spiritualisme, cherchent à communiquer avec les esprits, croient qu'en entrant en contact avec la dimension spirituelle, elles seront en mesure d'améliorer leur vie en appliquant les principes de sagesse transmis par les esprits. Cependant, les médiums ne sont pas tous nécessairement spiritualistes.

Les médiums voient les esprits; ils les entendent, ils les perçoivent, ils peuvent même les sentir. Tous les médiums sont clairvoyants, mais tous les clairvoyants ne sont pas nécessairement des médiums. Certains naissent médiums, d'autres apprennent à développer leur don. Les clairvoyants comme les médiums sont susceptibles de posséder le don de clairvoyance. Bien que les clairvoyants ne voient pas obligatoirement des esprits, ils peuvent percevoir d'autres éléments — objets, nombres, mots ou scènes. Comme tout le monde est doté de capacités psychiques, tout le monde peut devenir clairvoyant.

Comme Arlene reçoit spontanément beaucoup de visites d'esprits et d'impressions sur les gens, elle passe beaucoup de temps à «éteindre son récepteur», car elle ne veut pas être au courant des affaires d'autrui. Dans le cadre d'une lecture, elle préfère qu'on la guide de façon à être utile au client. En dehors de son travail, elle ne souhaite pas interférer dans la vie d'autrui.

Il est amusant d'observer la nervosité qui s'empare des gens quand ils apprennent qu'ils sont en compagnie d'un clairvoyant professionnel. On croirait qu'ils s'imaginent que nous avons l'habitude de lire dans les esprits de ceux que nous croisons, comme si nous n'avions rien de mieux à faire. Or, une chose leur échappe : leurs affaires ne nous concernent pas, pas plus qu'elles ne nous intéressent. Après avoir fait des lectures, la dernière chose qui nous intéresse est de nous immiscer dans les pensées d'autrui. Vous auriez la même réaction si vous travailliez toute la journée à l'ordinateur, et qu'en rentrant du bureau, votre voisin vous demandait un coup de main avec le sien. Vous n'auriez probablement pas envie de l'aider.

En tant que médium, on doit absolument apprendre à bloquer sa clairvoyance sur commande, autrement, on serait continuellement bombardé d'énergies indésirables. Quand on me demande si je le fais, je donne toujours l'exemple suivant : imaginez que je traverse un centre commercial sans « éteindre mon récepteur ». Mon antenne ne tardera pas à surchauffer en captant toutes les vibrations environnantes ! Néanmoins, notre clairvoyance est toujours accessible quand nous en avons besoin, que ce soit en cas d'urgence, ou si nous sommes occupés à autre chose. Parfois, lorsque Carol passe l'aspirateur chez elle, elle s'entend interpeller par les esprits quand ils ont besoin de lui transmettre un message.

Il arrive parfois que des circonstances impérieuses puissent activer la clairvoyance ou intensifier les habiletés existantes : c'est ce qui est arrivé à Carol, qui a vu ses capacités et son intérêt s'accroître après avoir vécu une expérience de mort imminente. En effet, après avoir accouché de son fils, elle a failli mourir. Tandis que Carol agonisait, l'infirmière, qui était aussi une jeune femme, lui tenait avec compassion la main en pleurant. C'est une fois hors de son corps que Carol s'est aperçu que l'infirmière pleurait. Elle a donc demandé à Dieu de la laisser revenir afin de pouvoir lui dire que tout allait bien, qu'elle pouvait cesser de pleurer. Dieu a exaucé sa requête et Carol est retournée dans son corps, qu'elle n'a plus quitté. À la suite de cette expérience, tout a changé pour Carol. Elle avait le sentiment d'être une autre femme. Durant des années, elle a tu ce qu'elle avait vécu, mais elle a étudié et lu sur le phénomène afin de comprendre ce qui lui était arrivé (et ce qui lui arrivait).

Selon Arlene, un traumatisme peut agir comme un « appel au réveil et à la sagesse ». Des événements bouleversants soudains peuvent servir de catalyseur à notre éveil à la dimension spirituelle. À la suite d'un traumatisme, on peut voir tout à coup ses capacités augmenter, comme Carol après son expérience de mort imminente. À ce sujet, Dannion Brinkley a écrit un ouvrage sur l'expérience traumatique qui l'a brusquement propulsé dans le monde spirituel. Dans *Sauvé par les anges*, Dannion raconte qu'un orage est survenu alors qu'il bavardait au téléphone avec un ami. Bien que Dannion ait suggéré de raccrocher, son interlocuteur n'a pas voulu conclure leur conversation. Dannion fut subitement frappé par la foudre. La chaleur de l'éclair était si intense que le récepteur de l'appareil lui a fondu dans la main et a soudé les clous de ses chaussures aux clous du plancher. Son corps a été projeté sur le lit derrière lui, mais sans ses chaussures.

Dannion a alors vécu une expérience hors du corps. Il a vu sa conjointe pratiquer la réanimation cardiorespiratoire sur son corps, et l'ami avec qui il bavardait entrer en courant dans la pièce. Apparemment, l'ami avait entendu le fracas au téléphone. Dannion a tout observé d'en haut.

Dannion a réintégré son corps, mais en est ressorti avant que les ambulanciers le transportent aux urgences. Durant le trajet jusqu'à l'hôpital, ceux-ci ont constaté son décès. Une fois à l'hôpital, les urgentistes ont fait tout ce qu'ils pouvaient pour ranimer Dannion, mais sans succès. Pendant qu'on tentait vainement de ressusciter son corps, l'esprit de Dannion se trouvait dans un endroit qu'il a appelé plus tard la Cité de cristal, où il a rencontré des êtres de lumière.

Comme il l'a écrit par la suite, pendant que les tentatives dramatiques de réanimation se déroulaient, on a décidé, dans la Cité de cristal, que Dannion avait une mission à accomplir sur Terre et qu'il devait réintégrer son corps. Et c'est ce qu'il a fait. Mais à son retour, il avait acquis la capacité de lire avec précision dans les esprits et de faire des prédictions d'événements mondiaux à venir. Sa vie en fut à jamais transformée.

Il n'est pas nécessaire de vivre une expérience traumatisante pour développer sa clairvoyance. Personne ne souhaiterait endurer les souffrances que Dannion a dû supporter durant ses années de convalescence, ni courir le risque de mourir pour développer ses capacités. La clairvoyance subjective n'est pas difficile à développer, surtout si vous êtes visuel. Les personnes qui parviennent à suivre un exercice de méditation guidée et à visualiser avec aisance ce qu'on leur suggère n'auront pas de difficulté à développer leur clairvoyance subjective. Le défi consiste à interpréter ce qu'elles reçoivent en méditation pour dégager le sens de leurs visions.

Nous pouvons certainement tous apprendre à améliorer nos capacités clairvoyantes innées ou à cultiver nos aptitudes à la clairvoyance subjective, si nous en avons le désir. Nous pouvons sans doute développer notre clairvoyance objective. Pour se faire, il suffit de se montrer patient, de s'exercer, et d'étudier avec un bon maître.

Chapitre 3

La méditation d'abord

Si vous accordez de l'importance à votre cheminement spirituel ou si vous souhaitez être plus en harmonie avec la nature et le paranormal, vous devrez consacrer du temps et de l'énergie à cette activité. Mais votre dévouement vous donnera droit à une récompense, car votre vie sera irrémédiablement transformée pour le mieux. Carol, qui enseigne la clairvoyance depuis plus de 20 ans, affirme qu'avec de l'entraînement, tout le monde peut devenir clairvoyant. Je partage sa conviction. Nous pouvons tous développer notre clairvoyance si notre cœur et nos intentions sont sincères.

Que vous souhaitiez développer votre clairvoyance ou cultiver vos capacités innées, vous devrez prendre le temps de méditer quotidiennement. Aussi, ce que recommande Carol pour développer la clairvoyance est de

« méditer, méditer, et méditer encore ». La raison pour laquelle la méditation est indispensable au développement est qu'elle nous permet d'accéder à ses capacités psychiques et à son don médiumnique. Arlene considère aussi la méditation essentielle. Elle croit qu'on doit atteindre « un état de complétude physique, mentale et spirituelle — un état paisible et vibrant pour entrer en contact avec une puissance supérieure. C'est ainsi qu'on peut savoir si l'on est synchrone ».

Arlene ajoute qu'il faut savoir reconnaître un processus pour pouvoir s'y accorder. Cela nécessite d'être dans un état de réceptivité à l'Infini. Or, la méditation permet d'entrer dans cet état de réceptivité. Le processus idéal pour développer la clairvoyance passe donc par la méditation quotidienne, en privé, ainsi que par le travail avec un groupe de méditation sous la direction d'un médium.

L'intention est également un facteur crucial pour développer sa clairvoyance. La méditation n'est pas un jeu ou une pratique qu'on voudra apprendre simplement pour pouvoir « lire dans l'esprit » d'autrui. À l'instar de Warren, Carol croit que pour réussir, il faut avoir une intention juste, être sincère et prêt à s'engager dans le travail de développement de ses dons spirituels. Après tout, on ne fait pas les choses n'importe comment dans la vie, en particulier quand il s'agit d'un sujet aussi important que le développement de ses capacités spirituelles. C'est une affaire sérieuse qui ne doit pas être prise à la légère.

Tout le monde a entendu ce dicton : « Comment se rend-on à Carnegie Hall ? En s'exerçant. » C'est la stricte vérité ! On ne peut apprendre à jouer du piano sans se pratiquer. Certains ont peut-être une facilité innée pour la danse, mais sans répétition, les possibilités d'avancement sont limitées. On ne peut apprendre à parler une langue étrangère sans consacrer du temps pour réaliser cet objectif. Ce n'est pas sa beauté physique qui a fait de Tiger Woods un champion golfeur : il *s'est exercé*.

Choisissez un moment pour méditer où vous ne serez pas dérangé. Vous devrez probablement fournir quelques efforts pour y parvenir, et il se peut que les membres de votre famille doivent s'y habituer. Je recommande toujours d'afficher une note « Ne pas déranger » sur la porte, afin d'indiquer aux autres de vous laisser tranquille lorsque la porte est fermée et la note installée. Vous méritez de vous accorder ce temps, alors insistez pour qu'il soit respecté. En plaisantant, je conseille à mes étudiants de dire à leurs proches d'éviter de les déranger « à moins que la maison soit en feu » !

Il n'est pas nécessaire de méditer durant des heures, ni même une demi-heure. Un quart d'heure suffit amplement — 10 minutes si vous êtes pressé. Choisissez un moment assez éloigné de l'heure des repas pour ne pas être somnolent, et un temps qui vous permet d'être constant. Par exemple, ne méditez pas à 10 h le samedi matin, à moins de pouvoir le faire aussi durant la semaine.

Plusieurs médiums suggèrent de méditer à 20 h. Durant ma formation, c'était généralement à cette heure que nous commencions à méditer, ou un peu après. Le moment convient bien à la plupart des gens, étant donné que le dîner est passé depuis assez longtemps et que le processus de digestion est bien enclenché. Il n'est pas bon d'avoir le ventre trop plein quand on médite. Par contre, si vous travaillez le soir, méditer à cette heure ne vous conviendra probablement pas. Dans ce cas-ci, vous devrez faire des essais pour déterminer le moment approprié pour vous.

Une fois que vous aurez déterminé le bon moment, soyez au rendez-vous. On dit « respectez votre rendez-vous avec les esprits ». Si vous n'êtes pas constant, les esprits ne le seront pas non plus. La méditation occasionnelle ne donne pas de résultats. La constance, si. On pourrait comparer cet apprentissage à celui du piano. Si vous vous contentez de vous asseoir à l'occasion devant le clavier, vous ne deviendrez pas très bon pianiste, n'est-ce pas ? C'est l'entraînement quotidien qui permet d'atteindre un objectif — qu'il s'agisse d'apprendre le piano *et* la clairvoyance.

Choisissez un siège confortable, mais pas trop. Si vous optez pour un fauteuil inclinable, vous feriez tout aussi bien d'aller vous coucher ! Il faut se sentir à l'aise, mais rester attentif. Une chaise rembourrée à dossier droit fera très bien l'affaire. Dans bien des cas, une chaise de salle à manger est idéale pour méditer.

Certains aiment « créer une atmosphère ». J'entends par là qu'ils allument des bougies et font brûler de l'encens. Ces deux éléments font souvent partie de la méditation : ils agissent comme déclencheurs pour indiquer à notre cerveau qu'il est temps de méditer. Certains souhaiteront peut-être ajouter d'autres éléments pour rehausser l'ambiance. Si vous avez lu l'un ou l'autre de mes livres, vous aurez constaté que je préconise l'utilisation d'un autel. C'est une bonne idée de créer un autel, car cela ne peut que favoriser le processus de méditation. Automatiquement, vous savez, sitôt que vous prenez place devant votre autel, qu'il est temps de méditer.

Une fois que vous avez choisi un siège qui vous convient, fermez les yeux et écoutez un enregistrement de méditation guidée sur cassette ou cédérom. Notez que je ne vous propose pas de vous asseoir, ni de vous allonger sur le sol. Ces positions ne présentent aucun avantage pour le débutant. La raison pour laquelle je conseille une méditation guidée plutôt qu'une musique douce est que, le plus souvent, les personnes qui apprennent à méditer se plaignent d'avoir l'esprit «trop occupé». Elles n'arrivent pas à faire taire leur mental assez longtemps pour vivre une expérience satisfaisante. Des pensées concernant ce qu'il faut acheter à l'épicerie, ce qui se passera le lendemain au travail et le comportement turbulent des enfants ne cessent de valser dans leur tête. Vous occuperez donc votre mental en lui donnant une méditation guidée à suivre.

L'imagerie guidée est la clé qui permet d'accéder à cet état de réceptivité, lequel est essentiel au développement de la clairvoyance. Les enseignants reconnaissent l'importance de la méditation guidée, car, comme le dit Arlene, «elle permet d'entrer en contact avec sa puissance supérieure, et ainsi, de savoir qu'on est en synchronie avec elle». Il ne faudrait pas oublier que l'information qu'on reçoit en méditation vient de l'Infini.

L'énergie collective est un autre outil précieux qui peut favoriser le développement. Une communion très particulière peut se tisser entre les personnes qui se consacrent ensemble à leur développement psychique. On est témoin de l'épanouissement des dons psychiques de chacun, ce qui est un processus unique à partager. Optez pour un cours de développement spirituel ou psychique donné par un médium ou un clairvoyant de bonne réputation. L'avantage de cette formule est que l'enseignant sera en mesure de vous observer et de vous fournir des pistes qui favoriseront vos progrès. De plus, vous vivrez une meilleure expérience, puisque le groupe travaille avec une énergie collective. Quand j'étais étudiante, je me souviens que j'avais la sensation d'être régénérée durant mes cours. Au fil de la semaine, j'avais l'impression que mon énergie psychique diminuait durant mes méditations en solitaire. J'étais impatiente de retourner en classe pour recevoir une nouvelle infusion d'énergie spirituelle !

Un autre avantage d'un atelier de groupe est qu'il permet d'apprendre les uns des autres. Ce que l'un expérimente, vous le vivrez à votre tour en temps opportun. Observez le comportement des étudiants plus avancés. Prêtez attention à la manière dont l'enseignant s'y prend pour diriger un exercice où les étudiants sont invités à extraire plus de données durant un message. En observant les autres et en suivant les directives de l'enseignant, on apprend à déterminer si ce que l'on perçoit en méditation est la vérité ou le résultat de son imagination.

Quand on se joint à un groupe, il faut se sentir à l'aise et inspiré par ses confrères et consœurs de classe. Lorsqu'on s'ouvre, on veut accéder à la lumière, et non au « bagage » d'autrui. Dans un processus de développement, il n'y a rien de pire que d'être en contact avec une personne négative ou de se faire drainer sur le plan psychique par elle. L'énergie de cette personne affectera tout le groupe. N'acceptez pas de vibration inférieure ; en s'ouvrant, on devient plus sensible. Par exemple, une personne instable pourrait s'égarer et voir ou sentir ce qui est, en réalité, le fruit de son imagination débordante, ou elle pourrait même expérimenter la paranoïa. Si vous vivez une telle situation, parlez-en aux autres participants et à l'enseignant afin de valider vos inquiétudes. L'enseignant pourrait demander à la personne dont l'énergie est néfaste de quitter la classe, mais s'il ne le fait pas, retirez-vous et cherchez un autre maître. Vous n'êtes pas dans la bonne classe.

Il arrive parfois que le débutant ne voie rien au commencement, même dans le cadre d'une méditation guidée. Que faire si vous fermez les yeux, écoutez les directives, mais que vous ne pouvez rien voir ? La solution est simple : continuez de vous exercer. Rome ne s'est pas bâtie en un jour, dit-on, et la clairvoyance ne se maîtrise pas du jour au lendemain, non plus. Cela viendra. Laissez-lui le temps de se manifester, et ne soyez pas trop exigeant envers vous-même : vous êtes en apprentissage. Chacun se développe à son rythme. Certains des exercices que je vous propose vous viendront naturellement ; d'autres exigeront plus de pratique, et quelques-uns s'avéreront difficiles. Ne vous créez pas d'attentes, car vous risquez d'être déçu. N'espérez rien, et quelque chose se produira !

D'un autre côté, il arrive souvent qu'on ne réalise pas que l'on voit. Warren mentionne que dans le cadre de ses méditations guidées, certains de ses étudiants se montraient découragés et contrariés parce qu'ils ne voyaient rien. Warren s'asseyait alors avec eux pour leur parler. Il leur a demandé s'il leur arrivait d'avoir des visions fugitives d'une lumière ou de nuages lorsqu'ils s'endormaient. Les étudiants répondaient par l'affirmative. Or, comme ils s'attendaient à des visions plus spectaculaires qu'une lumière ou des nuages, ils n'ont pas saisi que, dans les faits, ils *voyaient*.

Fréquemment, les couleurs sont l'un des tout premiers éléments qui apparaissent aux débutants. Il arrive souvent qu'un étudiant rapporte avoir vu un écran de couleur couvrant la zone derrière ses paupières fermées, ou des taches de couleur, ce qu'on appelle des « lumières spirituelles ». C'est un début ! Vous y êtes ! Regardez les choses ainsi : vous êtes en période d'échauffement.

Tout le monde n'est pas sociable et plein d'assurance. Lorsqu'un étudiant est timide ou manque d'assurance, il crée un obstacle : la peur. Après tout, personne ne veut avoir l'air ridicule en transmettant un message ou une impression. Et bien entendu, personne ne veut rater un message. L'étudiant qui ne reçoit rien aura l'air idiot ou inapte. Par conséquent, certains étudiants hésiteront à faire des prédictions en public ou à déclarer la présence d'un esprit, laissant ainsi leur peur étouffer leur talent.

On doit tous commencer quelque part. En règle générale, la première leçon de piano n'est pas non plus une expérience glorieuse. Mais avec de l'entraînement, on commence à entendre les résultats. Après un certain temps, on joue ses gammes, puis une petite pièce. De la même manière, avec du temps et de la patience, on finit par recevoir et interpréter correctement les messages. Ne laissez pas la peur vous écarter de la voie que vous avez choisie. Après tout, le meilleur étudiant de votre groupe a dû commencer quelque part.

La capacité de voir des lumières spirituelles est tout à fait normale, et elle ne nous quitte jamais. Durant la journée, il n'est pas rare de capter des scintillements bleus du coin de l'œil, ou même un vif scintillement bleu sur la page qu'on est en train de lire. On peut aussi apercevoir une lumière bleue près de la tête de la personne avec qui l'on bavarde. C'est un peu comme voir une luciole qui brille et s'éteint brusquement. Elle est là une seconde... et pouf! elle n'y est plus.

Les lumières spirituelles peuvent avoir une autre couleur que le bleu. Parfois, les lumières sont blanches, roses, vertes ou pourpres, selon la méthode de travail que l'esprit décide d'utiliser. Elles peuvent apparaître en grappe, ou il peut y avoir une seule lumière. Quand la révérende Arlene Sikora fait la lecture de ses clients, elle voit des lumières. C'est ainsi que les forces qui la guident ont choisi de lui faire connaître leur présence. Les lumières apparaissent au-dessus ou autour de la tête du client, et sont distinctes de son aura. Les lumières individuelles se manifestent dans les couleurs de turquoise, de pourpre, de bleu cobalt et de blanc. Il arrive aussi qu'elles forment un amalgame. Selon Arlene, cela signifie que le conseil délibère. Comme elle l'explique, le conseil est une énergie collective, une force maîtresse, une conscience collective. Autrement dit, c'est une puissance.

Arlene voit parfois des mots accompagnés de sons. En combinant le son, le mot «stop» peut être vu et entendu très distinctement afin d'indiquer qu'il faut s'interrompre sur-le-champ. En général, quand on reçoit un avertissement audible, il s'agit d'une mise en garde très importante. Lorsque des commandements ou des avertissements sont transmis plus d'une fois, il faut *immédiatement* y prêter attention, car il s'agit d'un message crucial. Vous constaterez que l'Univers a des façons très intéressantes d'attirer notre attention pour nous éviter des désagréments. Souvenez-vous de Bill, le mari de Phoebe, et de l'histoire du pneu!

Une médium, qui a un jour vécu à Cassadaga, lisait tranquillement dans sa salle de séjour. Tout à coup, elle a entendu une voix crier : « Cours ! » N'étant pas du genre à mettre un esprit en doute, elle s'est immédiatement levée de son fauteuil et précipitée vers la porte d'entrée. En s'approchant de la porte, elle a entendu un fracas derrière elle. En se retournant, elle a constaté qu'une grosse branche avait traversé le toit de la maison et atterri sur le fauteuil qu'elle occupait.

Il n'y a pas longtemps, j'ai prononcé une conférence dans une église unitarienne universelle d'Orlando, et un des paroissiens m'a confié une anecdote. Il m'a raconté que récemment, il se trouvait à une intersection en train d'attendre que le feu passe au vert. Il avait l'habitude d'accélérer dès que le feu passait du rouge au vert, mais cette journée-là, il ne s'était pas hâté. Il avait entendu une voix lui dire clairement : « Ne bouge pas avant que le feu soit vert. Attends. » Il était pourtant seul dans la voiture. Néanmoins, l'homme a obéi à l'ordre reçu. Alors qu'il était assis dans sa voiture et que le feu vert brillait devant lui, une autre automobile a traversé l'intersection à toute vitesse. S'il s'était engagé dans l'intersection, la voiture aurait certainement heurté son véhicule, l'aurait blessé gravement, et, vraisemblablement, tué.

Puisque nous sommes uniques, nous ne pouvons nous attendre qu'une même méthode fonctionne pour tous. Ce qui est inapproprié pour vous fonctionnera pour un autre, et il vous faudra peut-être procéder par essais et erreurs pour découvrir la méthode qui vous convient. Contentez-vous de méditer avec constance et d'être patient. L'information que vous obtiendrez en lisant ce livre devrait vous donner une bonne idée de ce qui vous attend en méditation.

Le reste du livre comporte des exercices à la fin de chaque chapitre. Il importe que, plus tard, vous pensiez à vous procurer un carnet de notes, ou à ouvrir un dossier dans votre ordinateur, afin d'enregistrer les renseignements et les expériences qui accompagneront vos méditations et votre quotidien. N'oubliez pas de dater chacune de vos entrées dans ce carnet. Nous sommes des êtres faillibles, aussi, il n'y a aucun moyen pour nous de nous souvenir de tout. Une impression apparemment futile, notée dans votre carnet de notes, pourrait s'avérer très significative le jour où vous déciderez de la relire. On a souvent la surprise, en relisant des notes antérieures, de découvrir un schéma ou de reconnaître un élément qui nous apparaissait insensé au moment où nous l'avons reçu. Il arrive qu'on reçoive un message une seule fois, alors que d'autres se répètent.

Par exemple, s'il vous arrive de recevoir un symbole, il se peut que vous le considériez sans importance. Cependant, il pourrait par la suite acquérir un sens, une fois que vous aurez établi une méthode pour interpréter vos symboles personnels. Le cinquième chapitre est consacré exclusivement aux symboles ; vous le trouverez certainement très utile.

Par ailleurs, il est également important de noter les expériences vécues en dehors de la méditation. La méditation n'est pas le seul canal pour recevoir de l'information. Lorsque nous vaquons à nos occupations quotidiennes, on nous envoie des impressions et nous recevons des intuitions. Au volant de sa voiture, on peut tout à coup recevoir une impression en regardant un panneau de signalisation. Parfois, on ressent un besoin inexpliqué qui exige qu'on y prête attention, sans quoi on peut constater un changement à son mode de réception habituel. Ce sont des événements qu'il importe de noter.

Les messages reçus ont un sens et ils nous éduquent sur le plan de la conscience. Pour sa part, Phoebe a constaté que l'un de ses plus grands défis fut d'apprendre à se fier à sa foi. Un soir, alors qu'elle s'apprêtait à quitter la résidence où elle avait donné des lectures de groupe pour rentrer chez elle, une des participantes lui proposa de rester pour un café et un morceau de gâteau. Même si rien ne l'obligeait à rentrer sur-le-champ, Phoebe déclina poliment l'invitation. La femme insista en lui disant qu'il s'agissait d'un gâteau au chocolat. Phoebe se dit qu'elle ne pouvait passer à côté d'une telle tentation! En fin de compte, Phoebe a bien fait de ne pas rentrer immédiatement chez elle après les lectures. Quand elle s'est finalement mise en route, elle a rencontré deux ambulances, trois camions d'incendie et une panoplie de voitures de police à l'entrée de la bretelle conduisant à l'autoroute la plus proche de Cassadaga. Phoebe a compris qu'elle aurait très bien pu avoir un accident si elle était partie au moment qu'elle avait prévu.

Fréquemment, on retarde son départ; on se sent poussé à examiner un comptoir de cuisine de plus au magasin de matériaux de rénovation, ou à essayer une autre paire de chaussures dans un grand magasin. Plus tard, on apprend qu'il s'est produit un accident épouvantable dans lequel on aurait pu être impliqué si l'on n'avait pas fait un autre choix. C'est ce qu'on pourrait appeler une « intervention divine » ou considérer comme une forme de protection venant de l'Univers ou de nos guides spirituels. On comprend dans ce message qu'on est protégé. Ce sont des expériences importantes à noter. De plus, n'oubliez pas de noter les incidents où vous *n'avez pas* écouté — du genre : « J'avais l'intuition qu'il ne fallait pas que je fasse ça ! Pourquoi n'ai-je pas écouté ? » Assurez-vous de noter toutes ces expériences dans votre journal. Elles sont importantes pour votre développement, car elles vous enseignent à avoir foi en votre guidance et à être plus conscient.

Mon premier maître fut une merveilleuse médium du nom de Ruth Callin. Ruth racontait toujours une petite anecdote à ses étudiants sur la façon qu'elle avait appris à pratiquer la clairvoyance. Son professeur, qui n'était autre que sa belle-mère, l'avait formée selon la méthode traditionnelle : elle avait dit à Ruth de s'asseoir toute seule tous les soirs dans une pièce plongée dans l'obscurité, et de fixer le coin jusqu'à ce qu'elle voie quelque chose. Ruth affirme qu'elle a mis un an avant de voir quelque chose, et, au mieux, c'était une lumière !

J'ai constaté que la plupart des gens n'aiment pas méditer en pleine noirceur, car c'est si sombre qu'ils ne peuvent même pas voir leurs mains devant leur visage. Pour ma part, je sais que cela ne me plaît pas. Cela crée, selon moi, un handicap. D'après Warren, il était courant, il y a plusieurs années, d'enseigner le développement psychique dans l'obscurité parce que les étudiants n'étaient pas déconcentrés par leurs voisins, et ils n'avaient pas le sentiment d'être observés. Lorsque Warren a commencé sa formation au Camp Silver Bell d'Ephrata, en Pennsylvanie, les débutants étaient plongés dans le noir total. Après un certain temps, on augmentait progressivement la luminosité jusqu'à ce que les étudiants s'habituent et arrivent à transmettre leurs messages en plein soleil. La plupart des enseignants n'appliquent plus cette méthode à l'ancienne. On peut facilement obtenir des résultats en s'exerçant dans une pièce sombre où brûle une bougie. C'est une atmosphère agréable pour méditer et elle convient à tous.

Vous trouverez ci-dessous un exercice élémentaire de méditation. À moins d'indications contraires, veuillez appliquer les directives données pour cet exercice à tous les exercices subséquents. Les personnes qui ont déjà pratiqué la méditation trouveront probablement cette section trop facile. Dans ce cas, utilisez ces exercices pour mesurer votre capacité à vous concentrer.

Exercice élémentaire de méditation

Prenez place dans l'espace tranquille que vous avez choisi comme endroit où vous êtes libre de toutes distractions. Plusieurs aiment écouter de la musique douce en méditant, surtout au début. La musique contribue à noyer les bruits inévitables, comme les sirènes et les camions d'éboueurs. Une fois que vous aurez franchi la première étape de méditation présentée dans ce chapitre, vous pourrez utiliser des enregistrements de méditation guidée.

Asseyez-vous sur un siège confortable, mais pas trop. Posez vos pieds bien à plat sur le sol. Ne croisez ni vos chevilles, ni vos genoux. Laissez vos mains reposer sans tension sur vos cuisses, avec les paumes vers le ciel. Fermez les yeux. Maintenant, inspirez profondément, retenez votre souffle quelques secondes, puis expirez. Répétez cette respiration deux fois. Penchez la tête vers la droite, puis vers la gauche; vers l'arrière, puis vers l'avant. Secouez les épaules, contractez ensuite les muscles de vos bras et de vos mains, puis relâchez. Remuez les épaules en avant et en arrière, puis relâchez. Contractez les fesses, et relâchez. Contractez les cuisses, les mollets et les pieds, puis relâchez chaque segment. Prenez une autre profonde inspiration. À ce stade, votre corps devrait être suffisamment détendu. On croit parfois qu'on est relâché, jusqu'à ce qu'on contracte son corps et qu'on découvre alors qu'on est tendu. En contractant et en relâchant les différents segments de votre corps, vous vous assurez de vraiment vous détendre, ce qui contribuera à une méditation réussie. Au fil de votre entraînement, vous pourrez sauter l'étape des exercices de contraction et de relâchement du corps, car elle ne sera plus nécessaire.

Une fois votre corps détendu, gardez les yeux fermés et fixez votre regard légèrement vers le haut. Cela vous aidera à entrer dans l'état alpha. Ce que vous voyez, c'est votre « écran » sur lequel vous recevrez des impressions clairvoyantes. Au début, il sera noir, comme si vous regardiez l'intérieur de vos paupières — de fait, c'est ce que vous faites! Avec le temps, l'écran changera et vous apprendrez à en modifier la couleur. Si votre concentration faiblit durant l'exercice, ramenez simplement votre attention sur votre respiration. Observez-la attentivement en inspirant et en expirant lentement, puis reprenez l'exercice. De nombreuses personnes se servent de cet exercice de concentration sur la respiration comme principal outil de relaxation.

Une fois l'exercice terminé, respirez posément. Dirigez votre attention sur votre respiration, puis reprenez contact avec votre corps, votre siège et votre environnement. Quand vous êtes conscient de votre environnement, ouvrez les yeux.

Exercice 1

Dirigez votre attention sur votre écran mental. Imaginez que l'écran devient blanc ou bleu, de sorte que tout ce que votre vision intérieure perçoit soit aussi blanc ou bleu. Si une autre couleur apparaît sur votre écran, c'est correct. Le but consiste à imaginer une couleur. Dès que vous voyez une couleur sur votre écran, changez-la. Continuez à modifier la couleur, jusqu'à ce que vous soyez capable de visualiser le rouge, l'orange, le jaune, le bleu, le vert, l'indigo et le pourpre. Il se peut que cet exercice soit facile pour vous et que vous soyez capable de visualiser toutes les couleurs du premier coup, ou il vous faudra peut-être quelques tentatives. Félicitez-vous pour avoir fait du bon travail ! Décrivez votre expérience dans votre carnet de notes.

Exercice 2

Détendez-vous (en suivant les directives de l'exercice élémentaire de méditation, page **58**). Dirigez votre attention sur votre écran mental. Essayez de visualiser un écran blanc. Ensuite, imaginez un carré sur l'écran. Quelle que soit la couleur du carré quand il apparaît, visualisez-en une autre, puis continuez de changer la couleur. Poursuivez l'exercice en imaginant un triangle, un cercle et un rectangle individuellement, en modifiant chaque fois la première couleur pour d'autres. Ensuite, changez la couleur du fond derrière les formes et les couleurs des formes. Amusez-vous un moment. Décrivez votre expérience dans votre carnet de notes.

Exercice 3

Détendez-vous, puis dirigez votre attention sur votre écran mental. Visualisez une pièce de votre foyer, mais pas celle où vous êtes. Vous pouvez choisir une pièce privée, comme votre bibliothèque ou votre chambre à coucher, ou un espace commun, comme la cuisine ou la salle de séjour. Observez les quatre coins de la pièce. Prêtez attention à son contenu. Quelles couleurs voyez-vous intérieurement ? Quels meubles, installations ou appareils voyez-vous dans la pièce ? Quels objets percevez-vous ? Quelles peintures ou autres objets décorent les murs ? Quelle est l'apparence du recouvrement de plancher ? Décrivez votre expérience dans votre carnet de notes.

Exercice 4

Détendez-vous. Visualisez un endroit dans la nature — une plage, une montagne, la forêt, ou un lac paisible. Imprégnez-vous autant que possible de la scène. Ne faites plus qu'un avec elle. Voyez tout en détail. Observez le sol, le ciel, et tout ce qui se trouve entre les deux. Quelles couleurs voyez-vous ? Touchez aux grains de sable, aux arêtes rocheuses, à l'écorce des arbres, au feuillage et à l'eau. *Sentez* tous ces éléments. Remarquez la texture, remarquez le climat. Associez-vous des odeurs à la scène ? Les fleurs ont une odeur distinctive, comme les arbres et la neige. Que sentez-vous ? N'oubliez pas de décrire votre expérience dans votre carnet de notes.

Chapitre 4

L'interprétation

Il faut au moins deux aptitudes pour interpréter ce qu'on reçoit par clairvoyance, bien qu'il soit aussi possible d'avoir la chance d'en cultiver plus de deux. Outre la clairvoyance, les autres habiletés dont on peut faire l'expérience sont la «clairaudience», qui signifie «entendre clairement»; la «clairodorance», qui signifie «sentir clairement»; et la «clairsentience», qui signifie «percevoir clairement». Lorsqu'on commence à développer ses dons spirituels, il se peut en fait qu'on reçoive davantage des perceptions avant d'expérimenter des visions clairvoyantes significatives. Les médiums et les clairvoyants professionnels possèdent tous le don de la clairsentience, et c'est d'ailleurs par l'intermédiaire de ce don que nous interprétons beaucoup ce que nous percevons par clairvoyance. Grâce à notre intuition innée et plus aiguisée, il nous est possible de sentir la réponse à une question avant de voir des images en méditation.

Ressentir est un don intuitif. Dans notre quotidien, on reçoit souvent des impressions. Certains diront qu'il s'agit « d'intuition féminine », mais les hommes sont aussi capables que les femmes d'en recevoir. Avez-vous déjà regardé une émission policière télévisée où un détective disait avoir flairé un indice ? C'est une intuition. Homme ou femme, on peut se trouver en train de faire des courses au centre-ville et devoir soudainement faire face au choix de prendre un raccourci en empruntant une ruelle, ou de faire un trajet plus long qui passe par plusieurs rues. Même si le quartier semble respectable, on peut *sentir* que la ruelle est dangereuse. La personne prend en considération la partie intuitive de son être et choisit de rentrer à la maison par le chemin le plus long. Voilà ce que signifie écouter son sens intuitif.

Une fois qu'on commence à recevoir des images, il est très naturel d'y réagir émotivement. Par exemple, si l'on avait à décrire un homme dans sa forme spirituelle en disant qu'il a des cheveux blancs, une corpulence mince et un petit sourire narquois sur les lèvres, on interpréterait nos observations selon les émotions qu'a suscitées cette vision. En s'appuyant sur l'apparence de l'homme, on pourrait ressentir des émotions qui nous suggéreraient que l'homme est plus vieux que son âge et qu'il a une personnalité excentrique. Lorsqu'on *voit* un élément, on *ressent* quelque chose en association avec ce qu'on a vu. Il s'agit de clairsentience. N'oubliez pas qu'il faut faire usage de deux habiletés pour interpréter les impressions. Par conséquent, il est très important d'être attentif à ce que vous *ressentez* en méditation. Vous capterez beaucoup d'indices par vos sens, qui vous aideront à interpréter ce que vous voyez.

Je me souviens qu'un de mes professeurs nous avait demandé d'être attentifs à notre ressenti intérieur lorsque notre interprétation était exacte. En général, on perçoit un phénomène ou on éprouve une sensation. Pour ma part, je perçois une sensation dans mon cerveau. Je ne suis pas certaine que je pourrais la décrire comme une sensation physique, mais il se produit un phénomène dans mon cerveau. C'est un peu comme une illumination, ou, comme le dirait Oprah, un « eurêka ! »

Ce professeur voulait que nous prenions conscience de notre *ressenti* quand notre interprétation était juste. Faisant référence à ce ressenti, nous le comparions ensuite à ce que nous éprouvions maintenant par rapport à une autre situation. Le ressenti était-il le même ? S'il n'était pas le même, nous n'allions probablement pas être justes dans notre évaluation ou prédiction.

Arlene éprouve un intense sentiment de certitude lorsqu'elle sait qu'elle a « tapé dans le mille ». Cependant, certains d'entre nous pourront ressentir quelque chose de plus subtil en donnant une interprétation exacte. Ce qu'on voit en méditation peut apparaître évident, mais le secret de l'exactitude relève de l'interprétation de ce qu'on voit. Nul médium, ni clairvoyant n'est totalement juste tout le temps. Après tout, nous sommes humains et donc sujets à mal interpréter ce que nous voyons ou ressentons. La plupart de nos interprétations inexactes relèvent du facteur humain, qui est sujet à l'erreur.

Arlene souligne qu'on donne ce qu'on reçoit. Toutefois, elle affirme qu'il est impossible de savoir avec certitude si l'on est juste. Mais il y a de ces moments fantastiques où Arlene reçoit une confirmation de son client. L'un d'eux s'est déjà écrié :

« Nom de Dieu ! C'est fantastique ! » Par conséquent, soyez attentif à votre ressenti quand vous recevez des impressions par clairvoyance, afin de reconnaître quand votre interprétation est juste.

Maintenant, vous pensez sans doute que votre interlocuteur vous confirmera la justesse de vos propos. Pas nécessairement ! Il arrive parfois qu'un client refuse d'accepter l'information que nous lui donnons. Il peut être dans le déni, ou il se peut qu'il ne comprenne tout simplement pas ce que nous lui transmettons. Il arrive aussi que les clients ne connaissent pas l'entité spirituelle qu'on canalise de l'Au-delà. Par exemple, dans bien des cas, la personne n'a pas connu ses grands-parents. Elle devra alors vérifier auprès de quelqu'un qui les a connus l'exactitude de notre description. Nous ne sommes pas nécessairement inexacts, mais nous ne pouvons espérer obtenir une confirmation de la part d'un client qui refuse de faire face à la réalité, ou qui ne reconnaît pas un esprit. Ainsi, apprenez à déterminer ce que vous *ressentez* quand vos interprétations sont justes.

Par ailleurs, dans vos méditations personnelles, il n'y aura personne pour confirmer la justesse de vos interprétations. Par conséquent, pour ce qui est de la méthode, vous allez devoir vous fier à votre ressenti. Vous obtiendrez votre confirmation au moment des résultats finaux.

Dans les deux cas, n'oubliez pas de noter votre ressenti dans votre journal.

Chacun de nous étant unique, nous recevons tous nos impressions différemment. Une personne peut voir des symboles, alors qu'une autre ne recevra rien de tel. L'une ne voit qu'en noir et blanc, tandis que l'autre reçoit des images en couleurs. La façon de recevoir les images peut aussi varier. Phoebe voit des couleurs, des scènes et des personnes subjectives, rarement des symboles. Dans le cadre d'une lecture, elle préfère fermer les yeux afin de ne pas se laisser influencer par les réactions de ses clients. En gardant les yeux fermés, la concentration de Phoebe est entièrement dirigée sur ce qu'elle voit par clairvoyance ; elle est ainsi mieux placée pour interpréter ce qu'elle voit. Ce ne sont pas tous les médiums, ni tous les clairvoyants, qui travaillent les yeux fermés, mais pour Phoebe, c'est de cette manière qu'elle se sent le plus à l'aise. Cette méthode pourrait vous interpeller ou non.

Arlene dit que ce qu'elle voit est parfois tangible, mais qu'en d'autres occasions, cela provient de son mental. Elle voit des couleurs, des symboles, des scènes et des visages, mais ses visions ont parfois l'apparence d'un film défilant, une scène après l'autre. Elle interprète ce phénomène comme une progression des événements sur le point de se produire dans la vie du client. Quand elle voit de telles scènes, elle entend les mots plutôt que de les voir.

Pour ma part, durant une lecture, je vois subjectivement des visages, des scènes, des symboles, des couleurs et des mots. Certains médiums voient des mots plus souvent que d'autres. Pour me transmettre un message, il arrive qu'un esprit me donne un mot à lire. Quand mes yeux sont ouverts, il fait apparaître le mot à côté de la personne ou au-dessus de sa tête. Quand un mot apparaît ainsi, je ne le vois pas *littéralement*; je le vois à l'aide de mon troisième œil tandis que j'observe une personne ou un objet. En général, le mot apparaît en blanc devant ce que capte mon champ de vision. Les mots peuvent se manifester sous une forme différente pour d'autres clairvoyants, mais la façon que je décris est la plus courante.

Le mot que je reçois peut se rapporter à la personnalité du client, ou représenter la réponse à une question. Par exemple, en décrivant la personnalité de quelqu'un, je pourrais voir le mot «prudent». Je comprends ainsi qu'il s'agit d'une personne prudente, peu spontanée, ou peu encline à prendre des décisions hâtives. Si un client me demande à quel moment prendre ses vacances annuelles et que le mot «mai» traverse mes pensées, alors c'est la réponse: au mois de mai.

Les clairvoyants voient couramment des nombres sur leur écran mental, et cela peut être une façon très expressive de transmettre un message. Non, pas les numéros gagnants de la loterie! Si nous recevions les numéros gagnants en méditation, tous les médiums seraient riches! En réponse à une question, nous allons probablement recevoir une adresse municipale, une date de naissance, ou un chiffre particulier pour indiquer une durée dans le temps. Par exemple, un homme en chômage voudra savoir combien de temps il restera sans emploi. La clairvoyante pourrait voir le chiffre «trois» et elle pourrait *sentir* que cela signifie trois semaines. La réponse serait donc trois semaines.

Jim aime travailler avec les nombres. Quand il procède ainsi, il mentionne souvent des adresses municipales. Une fois, alors que Jim transmettait une série de nombres à une cliente, il a décrit une femme associée aux nombres. Comme il lui vint un goût amer à la bouche, il ajouta que la situation entre la cliente et la femme était amère. La cliente confirma que leur relation était en effet amère. Grâce à l'interprétation de ce message, elle fut en mesure d'identifier son ennemie jurée.

En tant que médiums, il nous arrive fréquemment de voir une scène ou un symbole sans trop savoir comment l'appliquer à notre client. Franchement, cela ne nous concerne pas de toute façon. Il n'est pas nécessaire que nous comprenions le sens de ce que nous transmettons ; il faut simplement que le client comprenne. Après tout, c'est à lui que s'adresse le message. Il nous arrive aussi de trouver nos propos étranges, mais si le client sourit et hoche la tête, nous savons que ce que nous disons a un sens pour lui. Et c'est tout ce qui compte.

Phoebe explique qu'elle a appris à s'accorder avec ce qu'elle reçoit, même quand cela lui paraît insensé. Elle s'interroge sur ce que les esprits lui envoient, mais transmet quand même ce qu'elle reçoit. Dans ces moments-là, Phoebe reçoit un éclat de rire du client, ou ce qu'elle dit le réduit au silence. Un jour, Phoebe faisait la lecture à une femme très corpulente. La première image qu'elle reçut était celle d'une baleine. Elle voyait même l'eau jaillir de son évent. Elle se disait qu'elle ne pouvait quand même pas transmettre cette image à la cliente. Mais l'image restait, comme si l'esprit disait à Phoebe : « C'est l'image. Dis-lui. » Phoebe a donc cédé et prononcé sans s'excuser : « Je vois une grosse baleine, juste devant vous. L'eau sort en jet de son évent. »

La cliente s'est esclaffée et a répondu : « C'est l'esprit de mon défunt mari. J'adore l'eau ; chaque fois que nous nous baignions, il me surnommait sa petite baleine, car j'avais l'habitude de faire la planche sur le dos et de cracher de l'eau. » Vous comprenez maintenant pourquoi Phoebe fait toujours confiance à ce qu'elle reçoit, peu importe à quel point cela lui semble incongru. Finalement, il suffit que cela ait du sens pour le client. Par conséquent, donnez ce que vous recevez, même si cela vous paraît absurde.

Quand Carol fait une lecture, elle voit des images et des scènes associées à la vie du client. Comme elle l'explique, elle voit et entend, autant dans son esprit que littéralement. Parfois, le ressenti habite tout son corps, alors qu'en d'autres occasions, il se situe à l'extérieur de son corps. Elle voit la scène comme s'il s'agissait d'une pièce de théâtre qui se joue dans son mental, puis elle se sert de ses sens et de sa clairaudience pour interpréter ce qu'elle voit par clairvoyance.

Par exemple, si une femme a un problème avec son mari, Carol place mentalement les conjoints face à face. Ensuite, elle observe leur interaction, comme dans une pantomime. Elle pose des questions aux personnages qui apparaissent sur son écran mental et reçoit verbalement leurs réponses. Il arrive que les personnages poursuivent leur pantomime. Carol décrit ce qu'elle voit, perçoit ensuite le sens de ce qui se passe, et transmet son interprétation de la scène à la cliente. Carol procède les yeux fermés ou ouverts, selon ce qui lui semble préférable.

Quand Carol « tape dans le mille », les images qu'elle reçoit sont très claires. La même chose s'applique aux sons — lorsqu'ils sont très nets, elle sait qu'elle a vu juste. Quand ce qu'elle transmet est inexact, c'est parce qu'elle a mal interprété ce qu'elle a reçu. Il arrive aussi qu'elle ait de la difficulté à interpréter ce qu'elle reçoit, parce qu'elle a le sentiment que les peurs de son client bloquent l'interprétation. Dans d'autres cas, ce sont les peurs de Carol qui nuisent à l'interprétation. Il faut comprendre que Carol est une femme sensible et compatissante, qui ne veut pas mettre sur le tapis des choses susceptibles de troubler ou même de blesser son client. Lorsqu'elle laisse ses peurs intervenir, elle est bloquée.

Les couleurs, qui sont d'ordinaire la première vision qu'on reçoit comme débutant, sont habituellement suivies d'objets ou d'articles divers. On pourra voir une trottinette, un chat, une maison, un médaillon, ou n'importe quel autre objet. Imaginons que, dans le cadre d'un cours de développement, un étudiant dise avoir vu une maisonnette dans un arbre en association avec un de ses confrères de classe. Ce dernier associera peut-être la maisonnette à son enfance, ou peut-être songe-t-il à en bâtir une pour son fils. Dans tous les cas, ce sera une confirmation de l'exactitude de la vision. Au fil de son développement, l'étudiant sera en mesure de sentir que la maisonnette dans un arbre est une image d'enfance, ou que le confrère qui y est associé pense à en bâtir une, ou en bâtit *vraiment* une. L'étudiant va simplement le ressentir. Il n'y aura pas de représentations, seulement un *ressenti*.

Les personnes sensibles à l'énergie des esprits les percevront sur leur écran mental. Cela pourrait se produire d'entrée de jeu, ou il faudra un certain temps avant que cette habileté s'épanouisse. Chacun se développe à un rythme qui lui est propre, en fonction de son investissement et de sa sensibilité ; c'est pourquoi personne ne peut affirmer avec certitude à quel moment les esprits seront perçus intérieurement. Pour ma part, j'ai vu dès le départ des esprits et des scènes sur mon écran mental, mais je suis une personne très visuelle. Une personne moins visuelle aura peut-être à travailler plus longtemps pour y arriver ; par contre, elle pourrait entendre les esprits plus vite. Une personne visuelle ne les entendra peut-être jamais. Tout dépend de l'individu.

Après plusieurs années de lecture, Warren s'est rendu compte que lorsqu'il voit un esprit debout à côté du client, il sait que l'esprit s'adresse au client, et non à lui. Ce n'est pas l'un de ses guides. Ce sont les clients qui entraînent les esprits avec eux à une lecture, et non le clairvoyant. Plusieurs pensent au contraire que ce sont les clairvoyants qui invoquent les esprits en leur demandant d'assister aux lectures. Mais nous ne pouvons obliger les esprits à nous visiter. Une vibration psychique accompagne chaque client, et avec cette vibration voyagent les esprits qui souhaitent communiquer.

Une fois qu'on commence à voir les esprits, il arrive qu'on reçoive des images inhabituelles. On peut avoir une vision psychique d'une main, d'un visage ou de la partie supérieure d'un torse. Dans d'autres cas, on pourra voir toute la silhouette. Il n'y a aucun moyen de prédire comment les esprits choisiront d'apparaître. Dans le cas de manifestations, le fait de voir un esprit dépend entièrement de celui-ci.

Lorsqu'on effectue une lecture ou qu'on reçoit une impression d'un esprit, il est courant pour un médium de voir apparaître un bijou sur son écran mental. C'est un moyen à partir duquel un esprit essaie de communiquer son identité. Le bijou aura un sens pour l'esprit ou pour la personne qui reçoit la lecture. Ainsi, une broche sertie de pierres bleues pourra représenter le bijou que portait d'ordinaire une grand-mère défunte, ou le bijou pourrait être un cadeau qu'elle avait offert à sa petite-fille avant de mourir.

Les esprits se servent aussi d'objets qui ont un lien avec eux, pour que les clairvoyants puissent aider le client à les reconnaître. Un bon exemple serait la fois où j'ai vu un esprit féminin en train de jouer de la cornemuse. L'aspect étrange de cette vision d'un esprit musicien est que ses cheveux étaient couverts d'un fichu. Une femme coiffée d'un fichu, qui joue de la cornemuse? Quelle absurdité! L'interprétation de cette image m'est venue quand j'ai *senti* que la femme ne parlait pas anglais, et que j'ai observé qu'elle venait du Moyen-Orient en raison de son habillement. En dépit du fait que la cliente assise devant moi avait une apparence aussi peu moyen-orientale qu'un chausson de ballerine, mon interprétation lui a semblé parfaitement sensée. Sa grand-tante avait joué de plusieurs instruments de musique, y compris de la cornemuse, dans un orchestre. Elle ne parlait pas anglais et venait du Moyen-Orient. Pour ma cliente, la cornemuse était un élément significatif qui traduisait clairement l'identité de l'esprit.

En règle générale, vous devriez transmettre votre première impression. Tous les enseignants avec qui j'ai suivi des cours, et tous les enseignants que je connais aujourd'hui recommandent de faire connaître ce qui nous vient à l'esprit en premier. Si l'on délibère sur l'impression, le conscient s'en mêle et cherche à analyser la situation. Dès lors, on abandonne son rôle d'observateur objectif. À partir de là, on permet à son esprit rationnel de faire le travail. On n'est plus dans le mouvement de l'esprit.

Il faut une âme courageuse pour partager ses impressions. Personne n'aime avoir tort, et on court ce risque quand on révèle ses interprétations. Par contre, il ne faut pas avoir le sentiment qu'on doit avoir raison. On devrait plutôt s'efforcer d'être exact. En s'y appliquant, on sépare le bon grain de l'ivraie d'une situation. Comme je l'ai mentionné plus haut, les clairvoyants professionnels reçoivent des impressions apparemment saugrenues ; on peut donc présumer que les étudiants recevront des impressions qui le seront tout autant. Il est tout à fait normal pour un étudiant d'hésiter à exprimer ce qu'il voit sur son écran mental, surtout si la vision est carrément farfelue. Mais l'interprétation est essentielle, tout comme l'entraînement. En s'exerçant, on finit par apprendre à interpréter correctement ce qu'on voit.

« Pourquoi n'as-tu pas donné de message, ce soir ? ai-je demandé à l'une de mes meilleures étudiantes après la classe. »

« Tout ce que j'ai vu, c'est une femme avec un tuba. C'était trop bizarre, répondit-elle. Ce n'était pas bon. Je devais être à côté de la plaque ; je n'ai pas voulu dire une chose stupide. »

J'ai expliqué à cette jeune femme qu'en raison de sa réticence à partager son impression, une des participantes n'avait pas reçu le message que sa tante décédée souhaitait lui transmettre. Je savais qu'il y avait une femme parmi le groupe, ce soir-là, qui avait une tante très chère à l'esprit qui, de son vivant, avait joué professionnellement du tuba. Or, cette tante était particulièrement précieuse pour mon étudiante, parce qu'elle l'avait élevée comme sa propre fille.

Il importe donc de comprendre que bon nombre des impressions que nous recevons n'ont absolument aucun sens pour nous, comme je l'ai démontré dans les exemples précédents. L'important est que notre vision ait une signifiance pour la personne à qui elle s'adresse. Si c'est le cas, notre vision est exacte. Par conséquent, *transmettez votre première impression*, peu importe à quel point elle vous paraît insensée!

Au début, quand on s'exerce à voir des représentations, on procède les yeux fermés durant la méditation. Après tout, on médite d'ordinaire les yeux fermés, bien que d'autres formes de méditation se pratiquent les yeux ouverts, par exemple la marche méditative. Il semble plus facile de recevoir et d'interpréter ce qu'on reçoit les yeux fermés. Le fait de ne pas voir élimine les distractions. Au bout d'un certain temps, la plupart des étudiants arrivent à voir par clairvoyance en gardant les yeux ouverts. Une situation pareille peut survenir alors qu'on regarde dehors en lavant la vaisselle. Laver la vaisselle peut être une activité très méditative, et plusieurs reçoivent des impressions en s'y adonnant. Il m'arrive même de recevoir des impressions quand je conduis la voiture. Peut-être que pour vous, ce moment particulier se produira sous la douche.

Les médiums font souvent la démonstration de leurs capacités dans le cadre des services de communication spirite, et ils le font les yeux ouverts. Le service de communication spirite se tient généralement dans une église spiritualiste, où l'on invite le public à venir pour recevoir des messages des esprits. Durant ces activités, il est fréquent d'entendre les médiums dire des choses comme : « Je vois une femme debout derrière vous », ou « Je vois le chiffre trois au-dessus de votre tête », ou encore « Cet esprit vous tend une rose ».

Dans la plupart des cas, le médium ne voit pas littéralement l'esprit, le chiffre ou le cadeau. Ce sont des expressions qu'on nous apprend à utiliser lorsque nous transmettons les messages spirites. En fait, ce que le médium voit sur son écran mental est un élément qui indique l'identité de l'esprit. Par exemple, il se peut que la rose ait été la fleur favorite de la grand-mère de la personne à qui s'adresse le message ; ainsi, le fait que l'esprit lui offre une rose s'avérerait significatif.

La clairvoyance spontanée est fréquente chez les médiums. Le phénomène se produit lorsqu'un esprit apparaît au médium alors qu'il n'est pas en méditation et ne ressent pas consciemment le désir de voir un esprit. Une nuit, Warren naviguait sur Internet quand il entendit un esprit frapper à sa porte. Warren l'a invité à entrer et à s'asseoir, ce que l'esprit a fait. Warren affirma qu'il s'agissait simplement d'un esprit qui passait par là, et non d'un membre de sa famille ou d'une personne qu'il connaissait.

À l'occasion, il arrive que Warren aperçoive un esprit dans le vestibule de Brigham Hall, le petit immeuble d'appartements où il habite. En raison de ses vêtements, il s'agit, selon Warren, de l'esprit de la docteure Sarah Brigham. En effet, le spectre porte une robe longue à volants, et elle a l'air digne et très collet monté. Or, en 1896, quelques années après la fondation de Cassadaga, un couple de médecins éclectiques, les docteurs Hubbard et Sarah Brigham, ont fait bâtir le Brigham Hall. Il est donc fort possible que l'esprit que Warren voit dans le vestibule soit celui de la docteure Sarah Brigham.

Au fil de notre développement, il est primordial pour nous d'être très observateurs. Pour que le client soit en mesure d'identifier un esprit, on doit décrire précisément la vision qu'on reçoit. Les descriptions d'ordre général ne sont donc pas utiles. Après tout, si l'on voit un homme de taille moyenne, aux cheveux gris, vêtu d'un short bleu, cela correspond à la moitié des hommes en Floride. Il faut donc faire preuve de plus de précision. Au début, on omet souvent de mentionner des renseignements pertinents. On les voit, mais on ne les décrit pas. C'est comme si l'on présumait que tout le monde voit ce qu'on observe. Après un examen plus approfondi, on pourrait dire : « L'homme n'est pas très corpulent, il a parfois de la difficulté à marcher. Il ne confie jamais sa souffrance à quiconque. Il aime porter une cravate voyante quand il revêt ses plus beaux habits. » « Il ne confie jamais sa souffrance à quiconque » est une interprétation qui découle de l'observation et de l'utilisation de la faculté de clairsentience. Il est donc essentiel de ressentir et d'*observer* quand on interprète.

Dianc avait l'habitude de former ses étudiants à être attentifs et vigilants en leur posant des questions à leur arrivée en classe.

« De quelle couleur est le tapis ? »

« Avez-vous remarqué s'il y avait des chats sur la véranda à votre arrivée ? »

« Fermez les yeux. De quelle couleur est la chemise de Jack ? »

La quantité d'objets et de couleurs que les étudiants n'avaient pas remarqués était sidérante. Pour favoriser votre développement, vous bénéficierez d'aiguiser votre sens de l'observation au quotidien. Voici quelques exercices qui vous aideront à développer votre sens de l'observation et votre concentration, mais aussi à raffiner vos interprétations.

Exercices d'observation

Exercice 1

Remémorez-vous la dernière fois que vous êtes entré dans une banque, un magasin, une épicerie ou un bureau de poste. Que vous rappelez-vous avoir observé ? Y avait-il beaucoup de gens ? Étaient-ils de différentes ethnies, ou étaient-ils en majorité de la même origine ? Quelles couleurs prédominaient ? Décrivez la personne qui vous a servi. Que portait-elle ? De quelle couleur était sa chevelure ? À votre avis, quel âge avait-elle ? Portait-elle des bijoux ? Avait-elle les oreilles percées ? Décrivez votre expérience dans votre carnet de notes.

La prochaine fois que vous retournerez à cet endroit, utilisez votre sens de l'observation. Soyez attentif aux couleurs, aux gens, aux vêtements, aux attitudes et aux petits détails.

Exercice 2

Après être rentré chez vous par le train de banlieue, décrivez les personnes qui voyageaient avec vous. Tentez de vous rappeler tous les détails et décrivez votre expérience dans votre carnet de notes.

Exercice 3

Tandis que vous patientez chez le médecin, dans un salon de beauté ou en autobus, observez l'apparence des gens qui vous entourent. Si un crime était commis, comment les décririez-vous à un agent de police ? Élaborez votre description pendant que vous attendez.

À partir de maintenant, exercez votre sens de l'observation partout où vous allez. En rentrant à la maison, consignez vos résultats dans votre carnet de notes.

Exercices de concentration

EXERCICE 1

Choisissez un objet, par exemple, une chandelle dans un bougeoir. Allumez la bougie et étudiez-la soigneusement. Laissez son image saturer votre esprit. Vous constaterez que d'autres pensées commencent à s'immiscer dans votre mental. Le phénomène est normal. Repoussez-les et ramenez votre attention sur la bougie. Après environ trois minutes, fermez les yeux et visualisez la bougie. Gardez constamment l'image dans votre esprit. Si d'autres pensées envahissent votre mental, écartez-les doucement, comme précédemment. Si l'image s'atténue, ouvrez les yeux et regardez la bougie ; puis, refermez les yeux et reprenez votre visualisation. Vous pouvez refaire le même exercice avec une tasse colorée, une peluche, une fleur ou une statuette. Répétez cet exercice quotidiennement durant au moins une semaine. Inscrivez vos résultats dans votre carnet de notes.

Exercice 2

Choisissez une personne que vous connaissez bien, de préférence une personne avec qui vous habitez. Fermez les yeux et visualisez son visage. Efforcez-vous de le voir le plus clairement possible. Étudiez-en les détails, par exemple en observant les yeux. Examinez chaque cil, l'iris de l'œil et le pli de la paupière. Concentrez-vous ensuite sur les lèvres. Continuez d'observer les moindres recoins du visage. Si d'autres pensées surgissent, écartez-les et revenez à la visualisation.

Si vous trouvez cet exercice difficile à faire, demandez à la personne de se tenir devant vous pendant une minute et concentrez-vous sur son visage. Ensuite, fermez les yeux et gardez l'image dans votre esprit. La personne peut alors se retirer. Inscrivez vos résultats dans votre carnet de notes.

Exercice 3

Choisissez la photographie d'un inconnu. Une photo tirée d'un journal fera très bien l'affaire. Concentrez-vous sur l'image pendant environ trois minutes. Ensuite, fermez les yeux et gardez le visage de l'inconnu à l'esprit. Si vous le perdez, ouvrez les yeux, concentrez-vous à peu près 10 secondes sur la photo, puis refermez les yeux. Exercez-vous tous les jours pendant une semaine. N'oubliez pas d'inscrire vos résultats dans votre carnet de notes.

Chapitre 5

Les symboles

Les symboles existent depuis la nuit des temps. Les versants nord des Pyrénées sont connus pour abriter un grand nombre de grottes paléolithiques, dont la plus réputée est sans contredit la grotte de Lascaux, en France. Là-bas, on trouverait des représentations préhistoriques d'animaux, d'êtres humains et de symboles.

À la base, une grotte est une cavité à l'intérieur de la terre. Qu'elles soient naturelles ou artificielles, les grottes ont eu une grande importance pour l'espèce humaine. Elles offraient abri et protection, mais elles pouvaient également piéger et emprisonner. Certaines cultures considéraient les grottes comme des lieux féminins, la matrice de notre Terre-Mère, alors que d'autres les considéraient comme des lieux sacrés. Au cours de la Préhistoire, les tout premiers lieux sacrés étaient des grottes naturelles, comme celle de Lascaux. Elles représentaient des lieux de mystères, et plusieurs cultures s'en servaient pour leurs célébrations. Les caves étaient souvent le siège des histoires et des rites religieux, puisque, avant l'édification des temples, c'est là qu'on pratiquait les cérémonies religieuses.

On trouve sur les parois des grottes un nombre important de dessins d'animaux, de taille largement supérieure aux autres figures. Les chevaux sont l'espèce la plus souvent représentée. Les oiseaux et les poissons sont plutôt rares, et, à Lascaux, on trouve une seule représentation d'êtres humains.

Dans les temps anciens, les êtres humains se servaient de symboles pour communiquer entre eux. Aujourd'hui, nous exprimons nos impressions par l'écriture ou la parole, mais durant la Préhistoire, on griffonnait sur le sol ou sur les parois des grottes.

L'utilisation des symboles est une habileté qu'on développe ou expérimente couramment avec la clairvoyance. En effet, tout le monde a des expériences visuelles à son actif. Même la personne aveugle de naissance arrive à percevoir des formes, des couleurs et des masses en mouvement. Quand on reçoit une impression en méditant ou en vaquant à ses activités quotidiennes, on perçoit une pensée, une émotion, une image, un son ou une odeur.

L'esprit est réceptif à la pensée, mais on ne l'enregistre qu'en présence de deux sens actifs. Comme je l'ai déjà mentionné, il faut absolument deux sens. Quand on reçoit une image, on a aussi le pouvoir de l'interpréter. Or, pour utiliser un symbole (une image), on doit le soumettre à une interprétation. Aussi, notre façon d'interpréter des symboles dépend de notre vécu personnel, de notre expérience de vie et des personnes que l'on a connues ; tout comme l'interprétation des événements dans notre quotidien. C'est le conditionnement individuel. Ainsi, une de mes amies a un adolescent qui adore les serpents. Au grand dam de sa mère, il en possède plusieurs comme animaux de compagnie. Si la mère et le fils voyaient un serpent en méditation, leurs impressions seraient tout à fait contraires. Le fils verrait le serpent comme un symbole amical, une créature qui lui donne de la joie. De son côté, mon amie considérerait le reptile comme une créature effrayante qui ne lui apporte aucun plaisir.

Dans la pratique de la clairvoyance, l'utilisation des symboles s'avère souvent utile quand il faut faire preuve de détachement sur le plan des émotions. Lorsqu'on médite pour sa propre illumination, il peut parfois être difficile de recevoir de l'information sur une situation donnée, puisqu'on est directement concerné. En utilisant un symbole, nous ne sommes plus reliés émotionnellement à la question. Par conséquent, le symbole est un outil d'accompagnement merveilleux quand on a besoin de créer à un certain détachement.

Les symboles qui surgissent spontanément dans notre esprit et nos pensées nous appartiennent en propre. Bien que de nombreux ouvrages sur les symboles fournissent des définitions exactes, la révérende Diane Davis est d'avis que les symboles sont en fait illimités. C'est pourquoi elle suggère qu'en faisant une lecture, on démontre de la souplesse dans l'interprétation du rapport qui existe entre le symbole et l'individu. Selon Diane, le symbole est l'une des formes de clairvoyance les plus pures. Par exemple, si la santé constitue la question, en utilisant un symbole, on ne se laissera pas emporter par les émotions reliées au problème de santé. Si l'on *ne se sert pas* d'un symbole, on pourrait projeter un sens inexact à un élément perçu par clairvoyance. L'utilisation d'un symbole peut contribuer à éliminer ce genre de conclusion.

De fait, en utilisant délibérément un symbole, on peut prendre du recul par rapport à ses pensées et à son existence, et se concentrer sur un élément neutre. Après tout, nous subissons tous du stress. Quand on donne une lecture ou qu'on demande une impression pour répondre à une préoccupation, on se doit d'être détaché et impassible. Ainsi, si vous vivez du stress parce que votre mère malade est soignée dans une maison de santé, vous parviendrez à vous libérer de votre propre verbiage mental en vous concentrant sur un symbole.

Certains professionnels travaillent uniquement avec des symboles : ils définissent et interprètent un symbole, puis procèdent au suivant, et ainsi de suite. Les symboles fournissent également une représentation à la personne qui reçoit la lecture. Certains n'aiment pas travailler avec les symboles ; tout simplement parce qu'ils ne leur plaisent pas, parce qu'ils ne se sentent pas à l'aise de les utiliser, ou parce qu'ils n'ont pas bien appris à s'en servir dans le cadre de leur formation. C'est une préférence tout à fait personnelle.

Les personnes qui sont réticentes à utiliser des symboles s'inquiètent avant tout de ne pas les interpréter correctement. Toutefois, il n'y a pas de bonne ou de mauvaise interprétation, étant donné que l'interprétation d'un symbole doit être basée sur ce que l'on ressent par rapport au symbole et à ses expériences de vie. C'est dans cette optique que le second sens mentionné plus haut contribue à l'interprétation.

En travaillant avec les symboles, on doit aussi considérer les significations littérales et symboliques. Or, pour la personne qui n'aime pas les utiliser, c'est un point qui risque d'engendrer une certaine confusion au moment de leur interprétation. Prenons un exemple courant : le symbole du bébé. D'ordinaire, il signifie littéralement la naissance d'un enfant, mais il peut aussi annoncer la naissance d'une nouvelle entreprise, telle qu'un projet d'affaires ou de création. Il ne faut pas non plus oublier que l'interprétation qu'on donne à un symbole peut changer au fil du temps. En effet, à mesure que nous cheminons et prenons de la maturité sur le plan spirituel, le sens de nos interprétations pourrait varier.

Fréquemment, lorsqu'on voit un objet dans notre esprit, la vision est attribuable à une entité spirituelle. L'esprit se sert d'un objet, comme d'une « pièce d'identité », pour se faire reconnaître de la personne avec qui il essaie d'entrer en communication. Utilisons par exemple l'image d'un médaillon en or en forme de cœur. Ce médaillon a peut-être appartenu à une grand-tante, et aujourd'hui celui-ci est porté par la personne qui reçoit la lecture. Cependant, il est aussi possible que le médaillon ait été offert symboliquement à la cliente dans un geste d'amour. Dans ce cas-ci, on est appelé à interpréter la signification du médaillon en fonction du lien avec cette cliente plutôt que la définition littérale. Avec de l'entraînement, on apprend, en utilisant d'autres habiletés, telle la clairsentience, à reconnaître si l'interprétation doit être littérale ou symbolique.

Considérons ce que l'image du médaillon en or nous apprend : l'or est un métal coûteux ; le médaillon a la forme d'un cœur ; il est suspendu à une très longue chaîne, mais elle est ternie. On pourrait interpréter ce symbole en disant que sur le plan sentimental, on ne peut pas toujours se fier aux apparences. Cela pourrait signifier aussi qu'une relation sentimentale qui dure depuis longtemps n'est plus aussi satisfaisante qu'au début. Par contre, si l'on avait vu un médaillon d'or très brillant, suspendu à une chaîne de longueur normale, on aurait pu dire qu'un nouvel amour venait d'entrer dans la vie de la cliente. Et pourtant, en fonction de vos expériences personnelles, vous auriez pu fournir une autre interprétation.

Warren n'interprète pas personnellement les symboles qu'il reçoit — l'interprétation se présente automatiquement à lui. L'esprit lui transmet tout simplement la signification. Parfois, Warren reçoit dans une scène ce qu'il appelle une «clé de voûte symbolique», à partir de laquelle tout le message est organisé — comme une clef de voûte dans une arche en brique. Dans un cas semblable, Warren s'appuie sur cette clé de voûte pour obtenir l'interprétation, qui lui parvient automatiquement. Il arrive aussi qu'il entende des sons — un autre don — qui l'aident à étoffer son interprétation.

Nous sommes quotidiennement en contact avec des symboles. Par exemple, un feu de circulation est un symbole, tout comme une école, une église, une maison, une voiture et une bague. Les symboles sont partout autour de nous. Comme ils nous entourent, on doit s'exercer à travailler avec eux afin de leur donner une interprétation personnelle. Comme tout ce qui relève du développement de la clairvoyance, c'est un apprentissage qui exige de l'entraînement, des essais et des erreurs.

Vous jugerez peut-être utile de vous procurer quelques ouvrages d'interprétation des rêves pour vous familiariser avec la définition générale des symboles. Cependant, si vous recevez en méditant un symbole dont l'interprétation suggérée dans le livre ne vous semble pas juste, vous n'êtes pas tenu de l'accepter. D'abord et avant tout, demandez-vous ce que signifie ce symbole pour vous. Quelle a été votre première impression ? Quelles émotions suscite-t-il en vous ? Quel rapport a-t-il avec votre vie quotidienne ? Avez-vous remarqué des associations négatives ou positives le concernant ? Les réponses à ces questions vous fourniront l'interprétation juste.

On ne saurait trop insister sur ce point : l'interprétation est une affaire très personnelle. L'évidence n'exprime pas toujours la vérité. Par exemple, lorsque nous guidons des étudiants dans un exercice de méditation, nous leur disons d'ordinaire de se rendre dans le lieu naturel qu'ils préfèrent entre tous. Cette consigne convient très bien à la plupart, mais il y a des exceptions à la règle. J'ai déjà eu une étudiante qui avait été élevée en ville. Cette jeune fille pensait que le fait de manger à une table de pique-nique relevait du camping et de la vie à la dure. Par conséquent, se rendre dans un espace naturel n'était pas pour elle une expérience de détente, ce qui allait à l'encontre du but poursuivi. La jeune fille voyait la nature comme un endroit effrayant, grouillant d'insectes et de dangers. Par conséquent, son interprétation du grand air sera tout autre en comparaison d'une personne qui aime pêcher la fin de semaine.

Arlene considère les symboles comme un effort de collaboration entre l'esprit et elle-même, de sorte que les esprits ne sont pas obligés de lui marteler le cerveau avec leur message. Ainsi, quand elle voit un yo-yo en syntonisant la situation financière d'un client, Arlene comprend que le client vit une situation fluctuante et en dents de scie. Les symboles fournissent à Arlene des indications précises quant à son exactitude ; d'ailleurs, elle reçoit régulièrement les mêmes, entre autres le yo-yo.

Selon Phoebe, chacun possède son propre éventail de symboles en fonction de son vécu. Considérons que Phoebe a été élevée dans la foi catholique. À ce titre, elle se souvient d'avoir accroché une médaille de saint Christophe au rétroviseur de sa voiture à des fins de protection. Si Phoebe voit ce symbole par clairvoyance, elle comprend qu'elle doit transmettre un message de protection. Un jour, en voyant la médaille de saint Christophe associée à une femme, Phoebe a senti que ce symbole indiquait que la femme devait se montrer prudente, qu'il fallait qu'elle se protège. C'était un excellent moyen pour un esprit de transmettre un message de protection.

Il m'arrive parfois de voir une religieuse en cours de lecture. Lorsque je demande à la personne qui me consulte si elle est catholique, la réponse est invariablement positive. Bien que je n'aie jamais été catholique, j'associe les religieuses au catholicisme ; par conséquent, les esprits me proposent ce symbole pour me faire comprendre que le client qui reçoit la lecture est catholique.

Vous allez apprécier la façon dont les esprits s'y prennent pour vous présenter des symboles. Restez réceptif aux différentes interprétations que vous recevrez. Par ailleurs, vous pouvez délibérément choisir d'utiliser un symbole pour répondre à une question. L'arbre est un excellent symbole d'accompagnement, puisque vous pouvez facilement l'appliquer à une situation ou à une question, et interpréter ensuite ce que vous voyez. Ainsi, le faîte d'un arbre peut être abondamment feuillu ou sans feuilles du tout ; ses branches peuvent être grosses ou fines ; son tronc peut être massif, ou souple et allongé ; ses racines peuvent être exposées à l'air libre ou enfouies dans le sol. L'arbre présente beaucoup d'éléments à interpréter.

À titre d'exemple, supposons qu'on vous demande de méditer sur un arbre qui symboliserait une relation. La vision que vous recevez montre un arbre doté d'un faîte luxuriant, abondamment feuillu et imposant, avec deux branches coupées. Si l'on avait vu des branches cassées, cela aurait suggéré des ruptures ou des divorces, mais l'arbre en question portait des marques indiquant que les branches avaient été coupées, ce qui nous donne comme signification probable que certaines personnes aujourd'hui décédées ont eu une importance cruciale dans la vie de la personne recevant la lecture.

Si l'on vous avait demandé d'utiliser l'arbre comme symbole d'un problème de santé, on pourrait avoir la vision d'un arbre avec un tronc apparemment sain, mais dont la couleur serait plus claire d'un côté que de l'autre. Cela pourrait signifier qu'il y a un problème au niveau de l'intestin ou de l'abdomen.

Pour comprendre comment quelqu'un progresse dans la vie, on étudie la position des racines de l'arbre. Par exemple, si les racines flottent au-dessus du sol, on comprendra que la personne n'est pas bien enracinée pour l'instant. Cela pourrait se rapporter à son état émotionnel plutôt que d'illustrer ses conditions de vie de l'extérieur.

On pourrait aussi se demander si l'arbre est solide ou fragile. Une vision d'un saule pleureur n'aura pas le même sens que celle d'un chêne. On pourrait associer le saule à de bons souvenirs d'enfance. Quant aux arbres à fleurs, comme une azalée ou un cornouiller, ils susciteront une impression différente. Par exemple, si les arbres à fleurs exacerbent vos allergies, vous pourriez interpréter leur apparition comme une mise en garde.

Après avoir pris connaissance de ces exemples, vous êtes en mesure de constater, d'une part, combien il est important de comprendre vos associations personnelles avec les symboles, et d'autre part, comment vous devez les interpréter en fonction de la personne qui reçoit la lecture ou d'une situation personnelle que vous cherchez à comprendre. Si vous vous butez à une définition ou à une interprétation, demandez simplement qu'on vous fournisse la réponse.

Exercices

Exercice 1

Notez sur une feuille le sens que vous donnez aux mots suivants :

Bague	Crayon/plume
Fleur	Chapeau
Chat	Lunettes
Chien	Lit
Serpent	Chaise
Oiseau	Table
Poisson	Assiette
Tigre	Escalier
Maison	Porte
Automobile	Fenêtre
Bébé	Ange
Peluche	Musique
Tasse	Piano
Couteau	Guitare
Carabine	Hamburger
Revolver	Eau
Livre	Balle
Chaussure	

EXERCICE 2

Utilisez le symbole de votre choix et demandez qu'il soit relié à une situation que vous vivez actuellement. Inscrivez vos conclusions dans votre carnet de notes. Il se peut que vous constatiez que le symbole choisi change après l'avoir mis à l'épreuve pendant un certain temps.

Exercice 3

Demandez de voir un symbole associé à une personne. Prenez garde de ne pas trop prendre ce que vous voyez au pied de la lettre. Par exemple, un gros arbre signifie en général un arbre solide. Imaginons que vous voyez un gros arbre. Vous pourriez interpréter cette image comme une indication de la force de la personne. Mais regardez plus attentivement. Quelle est l'apparence de l'écorce ? Où se trouve l'arbre ? Est-ce une essence nordique plantée dans le désert ? Il est possible que la personne ne se sente pas à sa place, qu'elle ne parvienne pas à bien vivre dans son environnement actuel et qu'elle éprouve des difficultés. Autrement dit, élargissez votre vision. Cela exige de l'entraînement ; par conséquent, ne vous découragez pas si l'exercice vous donne du fil à retordre. Inscrivez vos conclusions dans votre carnet de notes.

Exercice 4

En vous servant de votre symbole personnel, ou en demandant qu'on vous en donne un à interpréter, investiguez sur l'impact d'un événement à venir. Interprétez votre vision avec soin en fonction de votre ressenti. N'oubliez pas d'inscrire vos résultats dans votre carnet de notes.

Chapitre 6

Les autres formes de clairvoyance

En plus des formes habituelles de clairvoyance qu'on peut s'attendre à expérimenter, on peut aussi avoir la chance de développer certaines formes moins courantes. Ce chapitre portera donc sur la clairvoyance radiographique, la clairvoyance médicale, la projection ESP ou vision à distance, et les visions.

Clairvoyance radiographique

Cette forme de clairvoyance est un don dont on n'entend pas souvent parler. Comme son nom l'indique, il s'agit de la capacité de voir à travers les corps solides. Par exemple, supposons qu'on dépose une montre dans une boîte. N'ayant aucune idée de ce que contient la boîte, la personne possédant ce don unique serait capable de voir la montre dans son contenant.

Un autre exemple serait une lettre manuscrite qui aurait été scellée dans une enveloppe. Une personne douée de clairvoyance radiographique, qui n'aurait aucune idée du contenu de la lettre, pourrait la lire, peut-être même intégralement. On a même rapporté des cas de clairvoyants qui ont réussi à lire des lettres scellées, rédigées dans des langues qui leur étaient étrangères.

Clairvoyance médicale

Cette forme de clairvoyance, qui est également peu courante, a d'abord été reconnue par Hippocrate, puis par l'Académie française de médecine, en 1831. On a également attribué ce don à Andrew Jackson Davis (1826-1910), connu comme médium sous le nom de Poughkeepsie Seer. Bien qu'analphabète et sans éducation, Davis était capable, une fois en transe, de diagnostiquer avec exactitude la maladie dans le corps humain.

L'éducation n'a absolument rien à voir avec les facultés clairvoyantes. Aux États-Unis et en Angleterre, certains rapports indiquent que des femmes sans éducation, travaillant comme domestiques chez des médecins, ont pu faire la démonstration de la même capacité. L'une de ces démonstrations a eu lieu en 1844, à Wrentham, au Massachusetts. Alors qu'elle était en transe, la domestique du docteur Larkin, Mary Jane, a réussi à diagnostiquer avec une exactitude remarquable les maladies des patients de son patron, de même que ses propres problèmes de santé. Vers 1849, en Angleterre, Emma, au service du docteur Haddock, a décrit le cœur humain dans des termes qui lui étaient compréhensibles. Elle a désigné les oreillettes, les auricules et les ventricules comme les « parties charnues » de l'organe.

J'ai connu une médium qui avait la capacité de diagnostiquer les maladies par clairvoyance médicale. Elle travaillait avec un chirurgien dans une ville universitaire où pratiquaient de nombreux médecins. Elle se rendait au cabinet du chirurgien une fois par semaine pour travailler avec lui. À un moment donné, on la consulta pour déterminer la nature d'un problème qu'un autre praticien n'avait pas réussi à identifier, ce qui a conduit le patient à subir une intervention chirurgicale. En pratiquant l'opération, le chirurgien fut en mesure d'évaluer l'exactitude du diagnostic de la médium. Par ailleurs, sachant à quoi s'attendre, il fut aussi mieux préparé pour l'intervention.

Le célèbre médium Edgar Cayce était réputé pour diagnostiquer les maladies à distance. Plongé dans une transe hypnotique, Cayce déterminait les problèmes de santé et suggérait même les remèdes à appliquer, après avoir reçu simplement le nom et l'emplacement géographique de l'individu. Plusieurs ouvrages que vous pouvez facilement vous procurer lui ont été consacrés, si vous souhaitez en savoir davantage sur le sujet.

Arlene a déjà pratiqué la clairvoyance médicale. Au cours des cinq ou six premières années de sa formation psychique, elle pouvait voir l'intérieur du corps humain, sans vêtements ni épiderme, comme si elle regardait une radiographie. Elle voyait l'ossature et les systèmes, et la zone malade lui apparaissait grossie, comme au microscope. À son grand regret, elle n'a maintenant plus accès à ce don.

Dans le cadre d'un cours du soir, Carol décida d'exercer ses étudiants à la clairvoyance médicale. Elle demanda à une étudiante de se tenir debout contre un mur afin que les membres du groupe puissent pratiquer leur vision radiographique. Carol était la seule à connaître les maladies de l'étudiante, puisque cette dernière l'avait déjà consultée. Carol demanda à ses étudiants d'entrer par clairvoyance dans le corps de l'étudiante et de le balayer de haut en bas. Au fil de l'examen, elle les a encouragés à s'arrêter aux zones du corps qui leur paraissaient affectées. Fait étonnant, les étudiants ont tous réussi à cerner avec exactitude les zones problématiques.

La méthode Silva, une formation créée par Jose Silva, enseigne aussi aux praticiens à entrer dans un corps, grâce aux facultés psychiques, afin de lire les maladies et les désordres d'un individu. Les étudiants apprennent également à remédier à la situation avec l'aide de leurs «conseillers». C'est un cours fascinant que je recommande chaudement à quiconque souhaite cultiver de façon générale ses dons psychiques.

Projection ESP et visions

La projection ESP remonte aux peuples primitifs, lorsque cette capacité était le plus souvent l'apanage des chamanes et des guérisseurs. Si l'on considère le fait qu'Andrew Jackson Davis n'a pas reçu d'éducation formelle, mais qu'il parvint quand même à pratiquer la clairvoyance médicale, on peut facilement en conclure que la projection ESP est à tout le moins un don qu'il est possible de maîtriser. La projection ESP est un talent qui peut être totalement inné, ou il peut se manifester intentionnellement ou spontanément. La terminologie contemporaine utilise l'expression « vision à distance » pour décrire cette habileté.

On rapporte de nombreux exemples de projection ESP qui datent des années 1700, alors qu'une personne sous hypnose réussit à décrire des activités qui se déroulaient à distance. En 1785, une fillette sous hypnose a décrit les activités de l'homme qui l'avait hypnotisée, après qu'il fut parti en ville pour vaquer à ses affaires. Elle fut en mesure de raconter tout ce qui se passait autour de lui, de même que ses activités en ville. Il existe dans différents pays des rapports décrivant des circonstances similaires, qui viennent étayer ce phénomène unique.

Voici un exemple de vision à distance spontanée : En 1756, à Gothenburg, le voyant suédois Emanuel Swedenborg (1688-1772) eut la vision d'un incendie à Stockholm. De nombreux témoins ont assisté à l'événement, lequel fut relaté par écrit en 1758.

Dans les années 1950, Maude Kline était une médium bien connue du Camp Chesterfield. Bien qu'elle ait pratiqué des séances de matérialisation et de voix directes, sa spécialité était la vision à distance. Pour réaliser cet exploit, Maude n'avait besoin que du nom et de l'adresse de la personne. Elle se projetait sur le plan psychique jusqu'au domicile de cette dernière, décrivait l'aspect des lieux, tant extérieur qu'intérieur, et discutait même de ce qu'ils contenaient.

Qu'on la pratique sous hypnose ou de façon spontanée, la projection ESP est un talent qui s'avérera utile pour certains, et c'est à tout le moins un exercice plaisant. Cependant, je vous préviens qu'il faut faire preuve d'intégrité. À l'époque où j'habitais un appartement à Winter Park, en Floride, je bavardais un soir au téléphone avec une amie. Vêtue d'une robe de nuit, j'étais assise sur le canapé dans une position que je réserve à mes moments d'intimité. Soudain, je pris conscience que quelqu'un m'observait, même si j'étais manifestement seule. C'était comme si quelqu'un se tenait debout devant moi, et qu'il scrutait mes moindres gestes. Le pire, c'est que j'ai tout de suite compris de qui il s'agissait! Me sentant vulnérable, j'ai vite opté pour une position plus réservée. Par la suite, j'ai demandé à un voyant que je connaissais, qui vivait à une cinquantaine de kilomètres de chez moi, s'il m'avait visitée dans mon appartement ce soir-là. Il a admis qu'il m'avait bel et bien rendu visite, et il a décrit avec exactitude ce que je faisais. Naturellement, j'eus le sentiment qu'il s'était immiscé dans ma vie privée, et je le sommai de ne plus jamais me rendre visite de cette manière! C'était indubitablement une atteinte à la vie privée, une pratique tout à fait contraire à l'éthique.

De nombreuses personnes s'intéressent à l'apprentissage de la vision à distance. En donnant un cours sur le sujet, à Milwaukee, Carol fut étonnée de constater que tous les participants obtenaient de bons résultats. D'entrée de jeu, Carol choisit trois destinations. Ensuite, elle demanda aux étudiants d'écrire ou de dessiner ce qu'ils avaient vu. Si l'on considère qu'il s'agissait d'une initiation, les participants ont obtenu des résultats remarquables, fournissant des détails tels que des couleurs, des formes et des descriptions d'objets.

Il serait facile de confondre une vision avec une projection ESP. La projection ESP est soit un acte délibéré, soit une manifestation spontanée. D'un autre côté, une vision est spontanée et ne répond pas du tout à un effort de la volonté. De plus, selon le révérend Jim Watson, ce qui différencie une projection ESP d'une vision est le fait que, lorsqu'on reçoit une vision, on assiste en observateur à une séquence d'événements sans ressentir d'attachement émotionnel. Cependant, d'après l'expérience de Jim, les émotions sont très présentes dans une projection ESP. Par ailleurs, les visions peuvent parfois être prémonitoires — on voit, dans l'avenir, un événement qui ne s'est pas encore produit. Dans le cas de Jim, la plupart de ses expériences ont été des projections ESP spontanées plutôt que délibérées.

En 1974, au cours d'un épisode de projection ESP, Jim fut fortement sollicité sur le plan émotionnel. Le phénomène débuta alors que Jim se reposait dans son fauteuil inclinable. Il songeait à se rendre dans le nord de la Floride pour la fin de semaine, afin d'aller à la pêche avec son frère. Il faut préciser que Jim était particulièrement attaché à ce dernier, qui était né peu de temps après lui. Tandis qu'il se détendait dans son fauteuil, Jim vit un scénario se dérouler sous ses yeux, un peu comme quand on regarde un film ou une émission à la télé. Il eut la vision de son frère en train de se faire happer par le cabestan d'un bateau de pêche. La scène était particulièrement horrible ; Jim eut une réaction émotionnelle. Il aurait voulu agir pour empêcher l'accident de se produire, mais il était impuissant. Peu de temps après, son père lui téléphona pour lui annoncer que son frère venait de mourir de façon tragique. L'accident était arrivé exactement comme Jim l'avait vu, et au moment même où il avait eu la vision. Le frère de Jim n'avait que 18 ans au moment de son décès.

Il arrive que certains clairvoyants reçoivent un signal d'événements à venir. Ainsi, Robert James Lee reçut, la veille des meurtres, une vision des crimes que « Jack l'éventreur » s'apprêtait à commettre. Il a même fourni une description exacte des lieux des assassinats.

Warren admet qu'on sait parfois, sans l'ombre d'un doute, qu'il est impossible de modifier ce qu'on voit dans des visions ou des projections ESP. Il y a aussi ce qu'il appelle les « mauvais présages ». C'est lorsqu'on a une vision d'un accident mais qu'on comprend qu'il ne doit pas se produire. Dans le cas d'un accident non prédestiné, comme il n'y a aucun lien karmique, on a le droit d'en changer l'aboutissement. Mais s'il y a des liens karmiques, on ne peut modifier la situation, car cela affecterait d'autres personnes. D'après Warren, on comprend en voyant la scène s'il s'agit d'un mauvais présage ou non.

À titre d'exemple, imaginons la possibilité qu'un client trébuche et tombe. On pourrait voir une scène montrant un escalier, ce qui pourrait être une mise en garde pour la personne qui reçoit la lecture ; elle devrait se montrer prudente dans les escaliers pour les deux ou trois prochaines semaines. Parfois, la scène comporte assez de détails pour signaler l'endroit exact où l'accident est susceptible de se produire, par exemple à la maison ou dans un centre commercial. Selon Warren, en transmettant cette information, l'esprit signifie au client que la responsabilité lui incombe d'éviter l'accident, puisqu'il a été averti. Par conséquent, s'il n'en tient pas compte, le client ne pourra s'en prendre qu'à lui-même, plutôt que de blâmer le royaume spirituel ou le clairvoyant.

Durant une séance de méditation, les visions spontanées sont fréquentes. En fait, le moment est propice, étant donné l'état d'ouverture et de réceptivité dans lequel on se trouve. Un jour, Phoebe eut une vision en donnant une lecture par téléphone. Elle demanda à sa cliente si elle connaissait quelqu'un qui travaillait pour la NASA. La femme répondit non, mais Phoebe insista et lui demanda si elle en était certaine. Elle avait vu quelque chose à propos de la NASA : une navette spatiale qui avait ensuite disparu. Mais la femme ne voyait aucun lien avec elle. Or, deux semaines plus tard, la navette explosa en plein ciel.

Il est impossible de savoir pourquoi Phoebe a reçu cette information par l'entremise de cette femme qui n'avait aucun lien avec la NASA, ni avec l'espace. Phoebe était simplement ouverte à recevoir ce message de l'Univers. Souvent, aucune explication ne nous est fournie quant aux raisons de ces visions prémonitoires spontanées.

Arlene a eu une vision très puissante lors d'une séance avec la docteure Olga Worral, guérisseuse de réputation internationale, et son conjoint Ambrose — qui sont aujourd'hui tous les deux décédés. La séance avait lieu à Springfield, au Massachusetts, à l'église des Worral. Arlene affirme que sa vision fut intense et d'une clarté limpide. Il ne s'agissait pas d'une vision fugitive, mais d'une image puissante annonçant un événement impossible à éviter. Arlene aperçut une série de cercueils dans un aréna, avec tous les drapeaux en berne. Elle comprit qu'il s'agissait d'un événement que personne ne pourrait empêcher. Comme ce constat provenait d'un sentiment de certitude particulièrement intense, Arlene sut que la vision était réelle et inévitable. C'était en 1972, juste avant les assassinats aux Jeux olympiques de Munich.

À l'occasion, Phoebe a des visions fugitives, semblables à celle de l'incident de la NASA, où elle reçoit de l'information qui n'a rien à voir avec la lecture en cours. Phoebe est d'avis qu'elle entre alors en contact avec une autre dimension spirituelle ou temporelle. Ce don a commencé à se manifester quand Phoebe a atteint le milieu de la trentaine et qu'elle recevait des visions en rêve. Phoebe en ressentait un profond malaise, car il s'agissait de cauchemars ! Une fois, elle a vu un autobus bondé d'enfants s'écraser en bas d'une falaise montagneuse. Une autre fois, elle a assisté à un écrasement d'avion. Une ou deux semaines après ces visions fugitives, elle a lu le compte rendu de ces accidents dans les journaux.

Comme ces visions la bouleversaient, Phoebe a fini par téléphoner à sa mère pour lui parler de ces cauchemars prémonitoires. Elle lui a confié qu'elle ne voulait pas faire ce genre de rêves et qu'elle ne tenait pas du tout à être avertie des événements à venir. Sa mère lui a conseillé de déclarer avant de s'endormir qu'elle ne voulait pas faire *ce genre de rêve*, et de le répéter quelques soirs de suite. Phoebe a suivi les instructions de sa mère, mais en négligeant de préciser qu'elle ne voulait pas *ce genre de rêve*. Elle a déclaré à la place qu'elle ne voulait pas *rêver*. Par conséquent, encore aujourd'hui, elle ne se souvient que très rarement de ses rêves.

Néanmoins, elle vit actuellement une expérience intéressante qui survient quand elle se met au lit. Avant de s'endormir, elle voit souvent des esprits dans sa chambre à coucher. Elle dit que c'est comme si des spectres de toutes les nationalités traversaient sa chambre à la queue leu leu. Ils lui jettent un coup d'œil, et continuent leur chemin. Phoebe se demande souvent si ces spectres ne sont pas les gens qui seraient morts durant la journée.

Il semble que les visions spontanées ne se cultivent pas délibérément. C'est un don qu'on possède ou non. Si vous avez la chance de vivre ce phénomène, assurez-vous de le noter dans votre journal.

Exercice de vision à distance

Après avoir médité pour vous détendre, demandez à vos maîtres spirituels de vous emmener dans un endroit précis. Optez pour un endroit qui vous permettra de vérifier l'exactitude de votre expérience, par exemple, le domicile d'un ami d'université établi dans un autre État. La première fois que vous ferez cet exercice, je vous suggère de vous servir d'un véhicule pour vous déplacer — tel qu'un nuage, une sphère de lumière blanche, ou des ailes. Voyez ce véhicule traverser le temps et l'espace et atteindre sa destination. Une fois sur place, observez attentivement ce qui vous entoure. Soyez particulièrement attentif aux couleurs, aux objets, à l'ameublement, aux murs, et à toute personne ou tout animal présents. Si vous apercevez une personne, que porte-t-elle ? De quelles couleurs sont ses vêtements ? Que fait-elle ? Regarde-t-elle la télévision ? Est-elle au téléphone ? Devant son ordinateur ?

Veuillez ne pas utiliser cet exercice comme une excuse pour porter atteinte à la vie privée de quelqu'un. Choisissez une personne qui acceptera de participer à cet exercice, ainsi qu'un moment approprié de la journée ; par exemple, la fin de l'après-midi, lorsque votre ami est à la maison en train d'étudier ou de préparer le dîner (et non un moment où il risque d'être sous la douche).

Notez vos observations dans votre carnet de notes. Téléphonez ensuite à votre ami pour en vérifier l'exactitude, et inscrivez les résultats de votre conversation dans votre carnet.

Chapitre 7

La psychométrie

La psychométrie est un excellent moyen de développer sa clairvoyance. Le mot « psychométrie » signifie « mesurer l'esprit »; il vient du grec « *psyche* » qui veut dire « esprit », et de « *metron* » qui veut dire « mesurer ». La psychométrie consiste à tenir dans ses mains un objet ou un article, et à percevoir l'énergie qui en émane.

Les êtres humains sont constitués d'énergie, comme tout ce qui est vivant. Les arbres, les fleurs, les insectes, les chiens, les chats, le bétail, les lapins et les poivrons verts sont vivants, par conséquent, ils sont tous constitués d'énergie. Comme cette énergie se manifeste sous forme de chaleur, notre corps laisse derrière lui une impression résiduelle quand nous quittons une pièce ou touchons un objet. On peut détecter cette chaleur à l'aide d'instruments infrarouges. La perception de l'information énergétique résiduelle est connue sous le nom de « psychométrie ». On peut voir et sentir l'information à partir des vibrations laissées sur un objet ; autrement dit, on peut « lire » l'objet.

Pour Diane Davis, tout est énergie dans notre vie. Tous les endroits où nous sommes passés, chacune des paroles que nous avons prononcées, chaque geste que nous avons posé, tous les vêtements que nous avons portés, et tout ce que nous avons touché renferment notre essence personnelle. C'est ce qui explique pourquoi nous percevons des vibrations en entrant dans un vieil immeuble. L'énergie résiduelle des années écoulées reste incrustée dans les lieux. On en a un autre exemple quand on entre dans une pièce que deux personnes viennent de quitter après s'y être querellées. L'énergie néfaste y est demeurée. Les paroles échangées font toujours partie de l'énergie de la pièce, et on peut le ressentir.

La psychométrie n'est pas un jeu de société dont on use pour amuser ses invités, mais elle peut s'avérer très utile au quotidien. Pour démontrer l'utilité de la psychométrie, Diane a passé sa main sur une feuille de papier où figurait une liste de plantes médicinales, afin de déterminer lesquelles lui seraient bénéfiques. Lorsqu'elle a ressenti une certaine chaleur, elle a arrêté son mouvement et choisi cette plante en particulier.

Quand on lit par psychométrie, il arrive qu'on ait l'impression qu'un objet vibre, ou qu'il soit froid au toucher. Cela peut être simplement un moyen pour attirer notre attention, mais il arrive aussi que la vibration ou la sensation de froid nous révèle quelque chose sur le propriétaire de l'objet. Parfois, aussi, la sensation de chaleur ou de froid est une façon de nous amener à être attentifs à un plus grand nombre d'impressions et de pensées. La façon d'interpréter ce que nous voyons et ressentons dépend de notre vécu, de notre éducation, des lieux où nous avons habité, des personnes que nous avons connues, de nos antécédents, de notre philosophie de vie, et ainsi de suite. Toutes nos expériences sont entreposées dans notre savoir. C'est la base de données dont nous nous inspirons pour interpréter nos perceptions.

Dans les cercles de développement, on se sert fréquemment des bijoux comme outils d'enseignement de la psychométrie. Les bijoux sont porteurs d'énergie, car ils sont en contact avec nous. Nous laissons une impression résiduelle sur les métaux. Néanmoins, on peut tout aussi bien se servir d'une brosse à cheveux, d'une peluche, de clés de voiture, ou de n'importe quel objet ou article imprégné de l'énergie de la personne qui l'a manipulé. Pour s'entraîner, chaque participant dépose un bijou dans un panier. Ensuite, chacun en choisit un et le tient dans ses mains, les yeux fermés, en attendant de recevoir une impression visuelle ou une perception. Certaines personnes préfèrent placer le bijou à la hauteur de leur troisième œil ou de leur plexus solaire, juste au-dessus du nombril.

On croit à tort qu'avant de pouvoir lire un objet par psychométrie, tel qu'un collier, le bijou doit avoir été porté un bon moment pour que l'énergie soit assez intense. Or, l'énergie peut être absorbée très rapidement. Pour en faire la preuve, Diane a demandé aux participants d'un atelier de tracer un petit dessin sur un bâtonnet de bois à l'aide d'un marqueur de couleur. Elle a précisé qu'un dessin aussi rudimentaire que deux traits, ou même des initiales, suffisait. Les participants ont suivi les directives ; ils ont tenu les bâtonnets dans leurs mains, les ont déposés dans un panier, puis se sont séparés en trois groupes. À tour de rôle, ils ont procédé à la lecture des bâtonnets et obtenu d'excellents résultats. L'expérience a démontré que peu importe où nous allons et ce que nous disons, nous laissons immédiatement une empreinte de notre énergie.

On croit aussi à tort qu'un objet n'est porteur que d'une seule énergie. Par exemple, si l'on vous offrait une bague que votre grand-mère portait de son vivant, celle-ci serait imprégnée, bien entendu, de sa vibration, mais si vous la passez à votre doigt et que vous la portez régulièrement, elle absorbera aussi votre énergie. Si une personne tentait de lire la bague par psychométrie, elle s'attendrait à lire votre énergie. Cependant, elle pourrait aussi percevoir l'énergie de votre grand-mère, toujours présente dans la bague. Par conséquent, tout dépend de son intention en lisant le bijou. Elle pourrait fixer son attention sur vous, ou sur votre grand-mère. Avec de l'entraînement, on arrive à lire l'énergie de toutes les personnes ayant porté le bijou.

On utilise la psychométrie de façon consciente depuis des siècles. Certains ouvrages racontent l'aventure de personnes qui ont touché un objet et eu une vision ou une impression fugitive. On voit aussi ce phénomène mis en scène dans des films diffusés à la télévision. Les animaux possèdent eux aussi la capacité de sentir qu'un objet vient d'ailleurs, et qu'il transporte en même temps l'énergie préexistante dans son nouveau milieu. Si la perception rappelle à l'animal une expérience qui l'a effrayé et menacé, il s'éloignera de l'objet.

Diane a découvert que la psychométrie est fort utile pour résoudre une variété de problèmes. Par exemple, le jour du Nouvel An, alors que Diane traversait Hollywood en voiture, en Californie, celle-ci refusa de repartir après un bref arrêt. Le moteur tournait, mais au grand dam de Diane, le véhicule n'avançait plus. Évidemment, ce n'était pas le jour idéal pour être au volant d'une voiture défectueuse. Diane a donc lu sa voiture par psychométrie et obtenu la réponse dont elle avait besoin, ce qui lui a permis de reprendre la route.

Plus récemment, elle a découvert qu'un des flancs de sa voiture avait été rayé à l'aide d'une clé, et que les égratignures avaient abîmé les dessins qui la personnalisaient. Encore une fois, elle a appliqué les principes de psychométrie à sa voiture. En conséquence, elle a senti que la personne qui avait endommagé sa voiture l'avait choisie au hasard, plutôt que délibérément.

Alors que la psychométrie peut être amusante et agréable, elle peut parfois présenter des défis. Quand on lit un objet par psychométrie sans en connaître le propriétaire, on s'exerce sur un élément neutre, un peu comme lorsqu'on emploie des symboles. Comme on n'est pas attaché à l'objet, on peut recevoir un point de vue tout à fait neutre. Quand on tient un objet sans en connaître le propriétaire, on n'est pas influencé par la réaction de l'autre ni distrait.

En 1975, avant de devenir clairvoyante professionnelle, Diane a vécu une expérience de psychométrie extrême. Elle venait de voyager en avion de la Floride à Milwaukee, au Wisconsin, pour rendre visite à quelqu'un qu'elle connaissait depuis un certain temps. Au même moment, son amie Jamie se trouvait à Winnetca, dans l'Illinois. Un troisième ami, Sam, emmena Diane en voiture chez Jamie, à Winnetca. L'été précédent, Diane avait fait le même détour pour rendre visite à Jamie. Lors de cette rencontre estivale, les deux femmes avaient assisté à une pièce de théâtre sur la rue Clark, à Evanston, dans l'Illinois, un détail à se rappeler qui sera important par la suite.

Lorsque Diane est arrivée chez Jamie, celle-ci lui a annoncé qu'elle s'apprêtait à se rendre en voiture en Floride quelques jours plus tard. Diane a donc décidé de monter avec elle. Mais avant de partir, les deux femmes ont décidé de faire une balade dans les environs. Pendant qu'elle conduisait, Jamie eut l'idée farfelue d'aller retrouver Sam, l'ami qui avait conduit Diane à Winnetca. Les deux femmes savaient que Sam était en visite chez son frère à Evanston, dans l'Illinois, mais elles ne savaient pas où habitait ce dernier. Comme Diane croyait connaître le prénom de son frère, les deux amies s'arrêtèrent dans une station-service pour consulter un annuaire téléphonique.

Le commerce était sur le point de fermer, et les deux jeunes commis, qui avaient l'air légèrement ivres, se montrèrent tout de même charmants envers les deux femmes. Jamie demanda à l'un d'eux de chercher le nom du frère de Sam dans l'annuaire, et de noter son adresse sur un bout de papier, mais sans la lui montrer. Croyant qu'il s'agissait probablement d'une farce d'étudiantes universitaires, le commis suivit les instructions de Jamie. Celle-ci ne regarda pas ce qui avait été noté sur le bout de papier et retourna dans la voiture. Jamie tendit le papier à Diane. Aussitôt que Diane l'eut saisi, elle vit Sam allongé sur un lit, sans chemise, contre un mur. Le couvre-lit était en tissu écossais, le mur était vert, et il y avait plusieurs étagères et livres qui les remplissaient.

Diane déclara ensuite à Jamie qu'elle allait peut-être la faire courir partout pour rien. À ce stade-ci, Diane n'avait même pas regardé ce qu'il y avait d'écrit sur le bout de papier ; pourtant, elle se mit à lui donner des indications. Elle expliqua à Jamie que d'après ce qu'elle voyait, Sam se trouvait au deuxième étage d'un immeuble contigu à un stationnement et à un autre immeuble.

Les deux amies se retrouvèrent sur la rue Clark, devant un panneau ARRÊT, mais ce n'était pas le même coin de rue que l'été précédent. Diane, qui n'était pas influencée par ce qu'elle avait vu cet été-là, demanda à Jamie de prendre la prochaine rue. C'est alors qu'elles virent une tour d'habitation, un stationnement, et une seconde tour d'habitation. L'une des tours était moins élevée que l'autre, et un magasin occupait le rez-de-chaussée. Diane désigna l'immeuble du doigt pour indiquer à Jamie que c'était l'édifice qu'elles cherchaient.

Après avoir garé la voiture, les deux femmes sont entrées dans la tour d'habitation. En voyant le nom du frère de Sam inscrit sur la boîte aux lettres, Diane se mit à trembler. Jamie appuya sur la sonnette, et la voix de Sam se fit entendre. Jamie s'écria : « Nous t'avons trouvé ! » Déconcerté par l'arrivée inopinée des deux femmes, Sam les invita à monter au deuxième étage.

Quand il ouvrit la porte, il ne portait pas de chemise, car il s'était allongé. Diane et Jamie firent le tour de la pièce des yeux et virent un tissu écossais drapé sur un lit de repos. Les murs étaient verts, et les étagères débordaient de livres, du plancher au plafond. À ce stade-ci, Diane dut s'asseoir.

Ce parcours exploratoire prit 45 minutes. Diane n'a jamais regardé l'adresse inscrite sur le bout de papier, pas plus que Jamie. Fait étonnant, Jamie n'a jamais ressenti le désir de se rendre sur l'autre rue Clark pour retrouver Sam. Voilà assurément un exemple remarquable de psychométrie.

En voyage, j'aime beaucoup visiter les bâtiments historiques. Je me souviens d'un automne où mon conjoint et moi avons sillonné la côte Est, explorant des villes telles que Williamsburg, Virginia et Washington, District de Columbia. Oh! quel plaisir j'ai eu à lire les vieilles demeures par psychométrie! La ville de Savannah, en Géorgie, m'a aussi fourni l'occasion de faire une expérience de psychométrie particulièrement intéressante. Lorsque nous sommes passés dans cette ville, le film *Minuit dans le jardin du bien et du mal* était alors très populaire; nous avons donc fait une visite organisée, un moyen fabuleux d'obtenir des impressions sur des événements survenus il y a plusieurs décennies. Bien entendu, l'excursion comprenait la visite d'un cimetière, qui fut un moment fort de la visite.

Lorsque je suis allée en vacances au Mexique, j'avais très hâte de visiter les ruines de Chichén Itzá. J'étais certaine de recevoir des impressions très vives dans cette ancienne cité. Je n'ai pas été déçue. En plaçant mes mains sur les murs en ruine, j'ai reçu des impressions de vierges sacrifiées ou consacrées à des fins cérémoniales.

Alors que Diane était en visite en Californie, elle accepta de poser les mains sur un artéfact pour faire plaisir à une amie. En fait, il ne s'agissait pas de l'artéfact authentique, mais d'une affiche représentant la photo d'un lieu. Diane lut donc le nom de ce lieu par psychométrie.

Lorsqu'elle se mit à parler de cet endroit, elle ressentit une énergie hallucinatoire. Cette sensation lui fit comprendre qu'il fallait qu'elle s'ouvre les yeux sur quelque chose d'important. Elle savait qu'elle devait faire preuve de vigilance quant aux mouvements de son énergie, ainsi qu'aux combinaisons auxquelles elle acceptait de se prêter.

Dans ce cas précis, lorsque Diane se concentra sur l'endroit, elle comprit que certaines personnes prenaient des hallucinogènes lors des cérémonies tenues en cet endroit. Si, en lisant par psychométrie, on fait l'expérience d'une sensation qui modifie sa conscience, il faut se rappeler qu'on ne doit pas laisser ses sens fusionner avec la substance psychotrope. On doit être capable de se détacher de cette énergie, pour ne pas avoir l'impression qu'on hallucine. Une fois qu'on reconnaît la situation pour ce qu'elle est, on arrive à se détacher. Par conséquent, restez sur le qui-vive quant aux influences extérieures.

Selon Diane, quand on se trouve vulnérable devant une situation semblable, nous devrions comprendre que c'est un signe qu'il nous faut faire preuve de discernement quant à l'objet de sa concentration. Nous avons besoin d'un examen plus approfondi, car les apparences sont trompeuses.

Exercice 1

Rassemblez six à huit enveloppes de même format et de même couleur. Saupoudrez une épice différente dans chacune. Choisissez du sel, du poivre, de la moutarde, du basilic, du sucre, du piment de Cayenne, et ainsi de suite. Mélangez les enveloppes de manière à ne plus les distinguer les unes des autres. Exercez-vous à sentir l'épice contenue dans chaque enveloppe. Manipulez les enveloppes jusqu'à ce que vous soyez en mesure d'en identifier le contenu par psychométrie.

Inscrivez vos résultats dans votre carnet de notes.

Exercice 2

Lors de vos prochaines vacances, faites en sorte de visiter des bâtiments historiques et de vieilles églises. Soyez particulièrement attentif aux impressions reçues. Quand c'est possible, touchez à un mur. Que ressentez-vous ? De la chaleur ou de la fraîcheur ? Percevez-vous de l'agitation ou un sentiment de paix ? Que voyez-vous ? Captez-vous des éléments significatifs ? Voyez-vous des visages ? Des animaux ? En touchant les murs, sentez-vous des odeurs ? Comment interprétez-vous ce que vous voyez et sentez ?

Notez vos impressions et une fois de retour à la maison, inscrivez vos résultats dans votre carnet de notes.

EXERCICE 3

Si votre voiture, votre lave-linge, votre magnétoscope, ou votre réfrigérateur cesse de fonctionner, essayez de comprendre ce qui ne va pas par psychométrie. Voyez-vous quels éléments sont affectés ? Un bruit est-il associé aux impressions que vous recevez ? Voyez-vous des symboles pour illustrer le message ?

Demandez comment vous pouvez remédier à la situation. Qui devez-vous appeler pour obtenir de l'aide ? Devriez-vous avoir recours aux services d'un ami ou d'une entreprise commerciale ? Quel est le montant que vous pouvez raisonnablement vous attendre à payer pour faire réparer l'appareil ? Le problème peut-il être réglé dans la journée ou exigera-t-il plus de temps ?

Inscrivez vos impressions et le résultat final dans votre carnet de notes.

Exercice 4

Procurez-vous un menu de mets à emporter dans un restaurant, ou utilisez celui que vous avez rangé dans un tiroir. Fermez les yeux et faites courir vos doigts sur la liste des mets proposés. Voyez sur quel mets vos doigts se sont arrêtés. Observez les sensations physiques reçues. Vos doigts sont-ils froids ? Chauds ? Fourmillent-ils à cause des épices fortes ? Avez-vous soudain un goût sucré dans la bouche ? Quelles sont les images culinaires qui vous traversent l'esprit ? Êtes-vous capable de deviner le nom du mets ?

Décrivez les images et les impressions reçues, puis inscrivez la justesse de vos perceptions dans votre carnet de notes.

Exercice 5

La prochaine fois que vous recevrez une lettre, lisez-la par psychométrie avant d'ouvrir l'enveloppe. Quel était l'état d'âme de celui qui l'a écrite ? Avez-vous l'impression que ce sont de bonnes ou de mauvaises nouvelles ? Y a-t-il de la joie associée à la lettre ? Contient-elle une annonce ? Y a-t-il une blague, des recettes, des articles de journaux, des coupons de réduction ou des petites annonces ?

Décrivez votre expérience, puis inscrivez vos résultats dans votre carnet de notes.

Exercice 6

La prochaine fois que vous vous choisirez des vitamines ou des produits de santé naturels à votre magasin favori, prenez le contenant dans vos mains. Sentez-vous que le produit est bon pour vous, ou serait-il préférable d'opter pour un autre ?

À l'épicerie, touchez les légumes pour déterminer lesquels sont les plus frais. Faites de même pour la viande pour déterminer ce qu'il convient d'acheter.

En recevant une facture, tenez l'enveloppe dans vos mains et déterminez si, ce mois-ci, le contenu vous plaira ou non.

Passez votre main au-dessus de l'horaire télé du journal pour voir ce qui vous attire.

Dans la cabine d'essayage d'un magasin, à tour de rôle, tenez chaque vêtement dans vos mains, et attendez de recevoir une impression. Que recevez-vous ? « Trop cher. » « Je ne le porterai jamais. » « Il me fera paraître grosse, même s'il est en solde. »

Dans chacun des cas, inscrivez vos impressions dans votre carnet de notes.

Exercice 7

Demandez à un ami de vous fournir un objet pour vous exercer. Entrez d'abord dans un état de relaxation en écoutant de la musique apaisante, en prenant de profondes respirations, en fermant les yeux, et en vous détendant dans votre siège. Relâchez systématiquement toutes les parties de votre corps jusqu'à ce que vous soyez tout à fait à l'aise. Demandez ensuite à votre ami de déposer l'objet dans vos mains. Tenez-le librement dans vos mains, ou placez-le près de votre front ou de votre plexus solaire, comme certains le préfèrent. Que voyez-vous ? Parmi les possibilités, mentionnons des nombres, des couleurs, des mots, des visages, un lieu, une scène avec des gens, et des animaux.

Quand vous voyez un élément, interprétez-le. Que ressentez-vous en le voyant ? De la curiosité ? Du bonheur ? De l'inconfort ? Décrivez ce que vous voyez à votre ami, puis donnez-lui votre interprétation. Si l'objet appartient à un tiers, décrivez la personnalité de cette personne. D'autres impressions à rechercher, qui seraient reliées au propriétaire de l'objet, pourraient se rapporter à son état d'esprit, à sa santé, à son caractère, à ses expériences passées, à sa situation actuelle, à sa profession, et ainsi de suite. Vous devez interpréter les images qui vous viennent à l'esprit. Si la personne vous semble triste, dites alors : « Cette personne n'est pas heureuse. »

Une autre approche serait de demander à votre ami de vous poser des questions. Les questions agissent parfois comme catalyseur et suscitent des impressions. Chacun travaille différemment ; par conséquent, je vous encourage à expérimenter d'autres méthodes s'il y en a une qui ne fonctionne pas pour vous.

Inscrivez toutes vos impressions et les résultats dans votre carnet de notes.

Pour favoriser le développement de votre clairvoyance, appliquez le plus souvent possible les techniques décrites précédemment.

Chapitre 8

Exercez-vous, exercez-vous, exercez-vous !

Ce chapitre est destiné à approfondir le développement de votre clairvoyance embryonnaire, ou à améliorer encore plus votre don inné. Pour augmenter vos capacités, il est recommandé de faire un exercice quotidiennement. Comment se rend-on à Carnegie Hall ? Vous connaissez la réponse : en vous exerçant, en vous exerçant, en vous exerçant ! Les exercices proposés dans les pages qui suivent devraient vous sembler aussi amusants qu'exigeants. Comme toujours, notez la date et les résultats de vos expériences dans votre carnet de notes. Je vous encourage à y inscrire tout commentaire pertinent, par exemple : « Cette méthode fonctionne mieux pour moi que la précédente », ou « Quelques jours plus tard, j'ai bel et bien vu un chiot rose : George m'a fait cadeau d'une peluche de cette couleur ! »

Exercice 1

On peut répéter cet exercice seul ou avec un partenaire. Prenez un jeu de cartes. Si vous travaillez seul, commencez par vous détendre en méditant, puis battez les cartes. Étalez le jeu en éventail sur une table ou sur votre autel, l'envers des cartes devant vous. Choisissez une carte, sans regarder le recto. Placez la carte entre vos deux mains, fermez les yeux et visualisez un écran vierge. Demandez à voir la figure de la carte. Si rien n'apparaît, demandez à voir la couleur. Évidemment, vous obtiendrez soit le noir, soit le rouge. Demandez ensuite à voir la sorte. Enfin, demandez à voir le chiffre ou la figure. Retournez la carte pour vérifier la justesse de vos impressions. Il est peu probable que vous soyez parfaitement exact, mais ne vous découragez pas si vous n'avez pas le chiffre ou la sorte. Choisissez une autre carte et répétez le processus dix fois au total afin d'établir votre pourcentage d'exactitude.

Notez les résultats de votre expérience.

Exercice 2

Exercez-vous avec un partenaire. Demandez-lui de tenir une carte à jouer, en vous présentant l'envers. Servez-vous de la méthode de l'écran vierge pour déterminer de quelle carte il s'agit. Visualisez l'écran, puis demandez à voir la carte. Révélez à votre partenaire la carte que vous avez vue. Passez à la carte suivante, jusqu'à ce que vous ayez répété l'exercice dix fois. Notez vos résultats.

Exercice 3

Entrez dans un état de détente à l'aide d'une méditation guidée, sur cédérom ou cassette. Ne visualisez rien sur votre écran mental. Demandez une guidance sur une question précise dans votre quotidien, pour laquelle vous avez besoin d'aide. Visualisez ensuite un grand rouleau de papier blanc debout devant vous. Observez-le tandis qu'il se déroule lentement devant vous. Une fois qu'il est entièrement déroulé, examinez ce qui apparaît sur cette grande feuille vierge. Interprétez ce que vous voyez. Si le sens ne vous paraît pas clair, demandez qu'il vous soit montré dans des termes sans aucune équivoque. Notez vos impressions pour référence ultérieure.

Exercice 4

Après avoir médité, imaginez que vous entrez dans une salle de cinéma. Puis, percevez-vous en train de vous asseoir au centre d'une rangée de sièges. Vous êtes seul dans la salle. Devant vous, il y a un vaste écran blanc. Demandez à voir quelque chose. N'anticipez aucune scène, ni aucun élément ; accueillez simplement ce que l'Univers juge important de vous faire savoir actuellement. Ce que vous verrez pourrait avoir un sens, ou n'en avoir aucun. Il arrive souvent que ce qu'on voit en méditation ne présente aucune valeur significative évidente sur le moment. Ce qu'on nous montre peut avoir un rapport avec un événement futur, ou avec une situation dont nous ignorons tout ; le message deviendra plus clair après un certain temps. Voilà pourquoi il importe de noter ses impressions — afin de pouvoir se reporter à une vision dont on ne comprenait pas le sens quand on l'a reçue, mais qui est tout à fait judicieuse aujourd'hui. Vous devez tout noter, même ce qui vous semble vraiment stupide. Vous ne savez jamais si vos impressions ne s'avéreront pas significatives par la suite. Ce n'est qu'en retournant consulter vos notes que vous en saisirez la pertinence.

Exercice 5

Parmi les professeurs de clairvoyance, certains enseignent la technique suivante : après vous être détendu suffisamment en méditant, imaginez un entonnoir, un télescope ou un long tube posé par terre devant vous. Posez une question pour laquelle vous aimeriez recevoir une réponse. Ensuite, voyez-vous vous penchez pour prendre l'objet tubulaire devant vous. Portez l'instrument à votre œil et regardez à travers le tube. Laissez votre regard prendre plusieurs secondes (de 15 à 30) pour atteindre l'extrémité de l'entonnoir, du télescope ou du tube. Que voyez-vous ? Quelle est la réponse ? Notez votre expérience pour référence ultérieure.

Exercice 6

On peut appliquer la méthode précédente pour obtenir un message d'ordre général, ou de la guidance. Après avoir médité, plutôt que de poser une question précise, demandez à voir un élément pertinent lié à votre situation actuelle. Imaginez que vous vous penchez pour prendre l'objet tubulaire de votre choix sur le sol. Laissez votre regard parcourir le tube jusqu'à son extrémité. Que voyez-vous ? Est-ce une personne, une scène, un symbole, des chiffres ? Interprétez ce que vous avez vu et notez votre expérience.

Exercice 7

Visualisez un lourd rideau de velours blanc devant vous. (Vous pouvez aussi visualiser un rideau noir, si cette couleur vous inspire davantage.) À l'endroit où les pans du rideau se rejoignent, on voit deux cordons dorés qui tombent vers le sol. Demandez à voir un élément qui vous aidera dans votre cheminement spirituel. Concentrez-vous sur le rideau pendant une minute ou plus. Préparez-vous mentalement à voir quelque chose. Puis, ouvrez les pans du rideau en écartant les cordons d'un coup sec. Quelle est la scène qui apparaît ?

Si vous ne comprenez pas d'emblée le message, assurez-vous de l'inscrire quand même dans vos notes. La véritable signification émergera. Donnez-vous la permission de la recevoir. La réponse pourrait venir de ce que vous entendrez à la radio ou lirez dans le journal.

Comme toujours, notez votre expérience pour référence ultérieure.

EXERCICE 8

Une fois que vous serez capable de recevoir des messages par clairvoyance, tentez de maîtriser ce que vous voyez. Demandez qu'on vous montre un élément précis. Par exemple, demandez la réponse à une question. Servez-vous de l'une des méthodes suggérées précédemment — par exemple, l'écran vierge —, et posez votre question. Au début, faites en sorte que vos questions soient simples et qu'elles n'exigent comme réponse qu'un simple oui ou non. Voici quelques exemples : « Pleuvra-t-il demain ? », « Devrais-je faire le plein d'essence demain matin ? », « Est-ce que je devrais faire cuire un poulet pour le dîner ? ». Vous verrez probablement un oui ou un non apparaître sur votre écran mental. Par contre, il se peut que votre réponse soit une image. Vous pourriez voir un paysage pluvieux, ou un poulet qui se promène dans une cour.

Plus la méthode vous sera familière, plus votre expérience visuelle s'intensifiera. Ainsi, en demandant si une collègue de travail est réellement votre amie, vous verriez une scène se dérouler devant vous. Plus vous aurez d'expérience, plus la scène sera détaillée. Vous pourriez voir la personne en question en train de discuter avec une autre collègue de votre comportement « étrange », alors que vous n'avez jamais agi de la sorte. Vous comprendrez alors qu'il s'agit d'un mensonge colporté par votre « amie ». Le sens de cette vision est particulièrement évident, et la réponse à votre question, tout à fait claire.

Exercice 9

Méditez pour atteindre un état de détente, puis visualisez une belle porte dorée. Voyez-la très ornée et très brillante. Demandez à voir votre guide spirituel. Observez la porte tandis qu'elle s'ouvre très, très lentement. Laissez votre anticipation grandir à mesure que la porte s'ouvre. Vous êtes sur le point de voir l'un de vos maîtres spirituels ! Le moment est très excitant. Il s'agit d'une entité qui travaillera avec vous pendant de nombreuses années et qui vous guidera dans plusieurs entreprises. Quand la porte est suffisamment ouverte pour révéler l'esprit qui se trouve derrière, observez son apparence. Remarquez la couleur de ses cheveux, sa taille, son poids et son style d'habillement. Est-ce un homme ou une femme ? Quelles autres impressions recevez-vous ?

Si votre guide ne vous apparaît pas assez clairement pour le décrire, reprenez l'exercice chaque jour, jusqu'à ce que vous le réussissiez. Notez vos impressions pour référence ultérieure.

Exercice 10

Choisissez un livre dans votre bibliothèque. Après avoir médité pour vous détendre, tenez le livre dans vos mains et ouvrez-le au hasard. Posez votre main droite sur la page sans en regarder le contenu. Observez les impressions que vous recevez quant aux mots, aux pensées exprimées dans cette page, ou au contenu des pages précédentes. Cet exercice est passablement difficile ; selon vos habiletés, il pourrait exiger beaucoup de pratique. N'oubliez pas de noter les résultats de vos expériences.

Exercice 11

Cet exercice vous intéressera certainement si vous travaillez dans un bureau où l'on prend vos messages téléphoniques lorsque vous n'êtes pas disponible. Quand on vous remet un message, posez votre main sur la feuille et essayez de déterminer la raison de l'appel. Est-ce que l'appelant est un homme ou une femme ? Quelle affaire souhaite-t-elle négocier avec vous ? S'agit-il d'un appel personnel ? Qui est cette personne qui vous a téléphoné ? S'agit-il d'une invitation à déjeuner ? Allez-vous devoir acheter un pain avant de rentrer, ou prendre votre enfant à l'école ? Une fois à la maison, notez vos résultats.

EXERCICE 12

Cet exercice est semblable au précédent. Il s'agit de lire votre répondeur téléphonique par psychométrie. Avant d'écouter vos messages, posez votre main droite sur le répondeur. Notez vos impressions. Savez-vous qui a laissé un message ? Pouvez-vous déterminer la raison des appels que vous avez reçus ? Écoutez vos messages et vérifiez l'exactitude de vos impressions. Notez vos résultats.

Exercice 13

La « cristallomancie » est un terme qu'on utilisait autrefois dans le développement psychique. Cette pratique a pour objectif de diriger l'attention de façon à éliminer les distractions. On apprend à cultiver sa vision intérieure en concentrant ses énergies psychiques. Le mental est tellement actif qu'il faut beaucoup de concentration pour faire fi des distractions, mais on finit par y arriver !

Choisissez un objet sur lequel fixer votre attention — un cristal, une surface métallique brillante, ou un verre d'eau. Laissez votre vision devenir floue, de manière à regarder avec vos « yeux paresseux ». Au début, vous remarquerez peut-être un effet de nuage ou de brume. Certains voient des étoiles ; vous pourriez aussi voir de petites lumières ou des points brillants dans les nuages. Au bout d'un moment, il se peut que les points de lumière s'ouvrent ou prennent de l'expansion. Vous pourriez alors distinguer, quoique vaguement, des visages ou des fragments de scène. Ne vous attendez pas à voir des images précises. Répétez plusieurs fois cet exercice, jusqu'à ce que vous obteniez un certain succès. N'oubliez pas de noter vos impressions.

EXERCICE 14

Warren croit fermement en l'efficacité de la méditation réflexe dans le miroir, affirmant même qu'elle est presque infaillible. De plus, la méthode est d'une grande simplicité ! La méditation réflexe dans le miroir, aussi appelée « miroir magique », ressemble à la voyance par boule de cristal — qui est une autre forme de cristallomancie. Au cours des siècles, on s'est aussi servi d'autres objets à cette fin, tels que du métal brillant, des bols remplis d'eau ou de vin, et bien entendu, des étangs.

On doit absolument s'exercer dans une pièce obscure. Choisissez un siège qui vous soutiendra confortablement, aussi bien votre corps que votre cou, mais pas trop pour ne pas vous endormir. Placez une bougie allumée derrière votre siège. Si vous n'obtenez pas de bons résultats en la plaçant à cet endroit, faites des essais pour déterminer la bonne position.

Asseyez-vous devant un miroir de bonne taille, tel qu'un miroir de commode. Le miroir placé au-dessus du comptoir du lavabo de votre salle de bain sera probablement parfait. Regardez dans le miroir avec des « yeux paresseux ». Autrement dit, ne fixez pas le miroir intensément ; détendez plutôt vos yeux en laissant votre vision devenir floue. Vous verrez peut-être apparaître autour de vous des formes, des symboles ou des visages. Cependant, les images que vous verrez ne sont pas vraiment dans le miroir, tout comme elles ne sont pas dans une boule de cristal. Les images sont dans votre tête. Le miroir sert à fixer votre attention, comme dans une pièce obscure où l'on ne peut voir ce qui se passe autour, de sorte que l'attention reste focalisée.

Notez vos résultats. Efforcez-vous de faire cet exercice plusieurs fois par semaine; le soir, de préférence. Au bout d'un moment, vous devrez délaisser cette méthode parce que vous ne pouvez pas constamment vous servir d'un miroir, mais c'est une excellente méthode pour exercer votre vision clairvoyante au début.

Si vous désirez approfondir cette méthode, le livre de Raymond Moody, *Rencontres*, propose une approche plus élaborée. Je recommande d'ailleurs fortement cet ouvrage à toute personne qui souhaite explorer la communication spirite de cette façon.

EXERCICE 15

Engagez la conversation avec un ami. Demandez-lui de décrire un événement — une soirée au théâtre, une situation professionnelle, ou une anecdote hilarante à propos d'un animal de compagnie. Tandis que votre ami vous parle, visualisez ce qu'il décrit — les yeux ouverts, bien entendu. Cet exercice devrait être facile à faire. Notez vos résultats.

Exercice 16

Tandis qu'un ami vous parle, dirigez votre attention sur autre chose et maintenez votre concentration. Avertissez d'abord votre interlocuteur de votre intention, de façon à ce qu'il ne soit pas vexé du fait que vous n'avez aucune idée de ce qu'il vient de vous dire. Vous pourriez vous concentrer sur une image — un chat, une bougie, un visage, ou n'importe quoi d'autre qui vous vient à l'esprit. Tandis que votre interlocuteur parle, continuez à vous concentrer sur cette image. Si votre attention s'émousse, ramenez-la doucement à l'image. Vous saurez que vous avez réussi cet exercice quand vous n'aurez vraiment aucune idée de ce que votre interlocuteur vous a dit. On peut aussi s'exercer au téléphone. N'oubliez pas de noter vos résultats.

Exercice 17

Asseyez-vous en compagnie d'un ami disposé à vous aider avec cet exercice. L'idéal serait de vous exercer avec quelqu'un qui apprend aussi à voir par clairvoyance. Demandez à votre partenaire de visualiser un chiffre. Essayez de voir ce chiffre les yeux fermés. Servez-vous de la méthode grâce à laquelle vous avez obtenu les meilleurs résultats dans les exercices précédents (l'écran de cinéma, l'entonnoir, et ainsi de suite). Lorsque vous pourrez voir le chiffre les yeux fermés, exercez-vous les yeux ouverts. Le chiffre devrait «apparaître» entre vous et votre partenaire, au-dessus de sa tête ou à côté de lui. Notez vos résultats.

Exercice 18

Pour cet exercice, il est essentiel d'obtenir la permission de votre partenaire. L'éthique est primordiale dans ce type de travail, et il n'est pas correct de s'ingérer dans la vie privée de quiconque sans son consentement. Après vous être détendu, prenez la main de votre partenaire. On suggère ce contact physique, car vous recevrez ainsi l'énergie de la personne, ou ce qu'on appelle communément ses « vibrations ». Cette méthode peut se comparer à la lecture par psychométrie. Si vous en ressentez le besoin, récitez une courte prière. L'exemple de prière suivant est assez général pour convenir à la plupart des gens :

> *Esprit universel, bénis cette rencontre ; transmets-nous les meilleurs renseignements, et qu'ils soient les plus élevés possible. Merci.*

Ensuite, avec les yeux ouverts ou fermés, observez les images qui se présentent sur votre écran mental. Décrivez ce que vous voyez à votre partenaire, ce qui se passe dans son entourage, les questions qui le préoccupent, les problèmes qu'il rencontre au travail, et ainsi de suite. Interprétez ce que vous voyez. Demandez à votre partenaire de vous donner une rétroaction pour confirmer — espérons-le — la justesse de vos observations. Notez vos résultats.

Exercice 19

Asseyez-vous en compagnie d'un ami en qui vous avez confiance. Prenez-lui la main, si ce contact ne crée pas de malaise entre vous. Récitez une prière destinée à inviter les entités spirituelles à cette séance. Vous voudrez peut-être vous servir de celle-ci :

> *Mère, Père, Dieu, nous demandons que les êtres qui vivent dans la dimension spirituelle et qui sont des amis ou des proches se manifestent de façon à ce que nous les reconnaissions. Nous demandons qu'ils viennent dans l'amour et la bienveillance, et qu'ils nous démontrent la pérennité de la vie à l'aide de moyens que nous pouvons comprendre. Que cela soit.*

À ce stade-ci de votre développement, cet exercice vous semblera probablement plus facile à faire les yeux fermés. Après avoir récité la prière, attendez patiemment que des images apparaissent sur votre écran mental. Vous pourriez voir des visages, des mains, des silhouettes, des adultes, des enfants, des personnes âgées et des animaux de compagnie. Bien souvent, quand la première image qui apparaît est celle d'une personne âgée, il arrive qu'elle rajeunisse. L'inverse est aussi vrai. C'est simplement le moyen que l'esprit utilise pour illustrer le processus du vieillissement, en montrant différentes étapes de sa vie terrestre. À l'évidence, si la personne paraît âgée, on pourra comprendre que cette scène indique qu'elle a eu une longue vie. Une scène illustrant des actes posés à un plus jeune âge signale que l'esprit fait référence à son passé. Décrivez ce que vous voyez le plus fidèlement possible : couleurs, fleurs, style de vêtements (indicateur de l'époque), couleur des cheveux, bijoux, et tout autre trait de personnalité apparent à l'observation. Par exemple, si la personne est mince, qu'elle agite les mains dans tous les sens et semble survoltée, vous pourriez interpréter cette vision en disant qu'il s'agit d'une personne dynamique, fébrile ou nerveuse. Vous devez décrire toutes les images que vous recevez afin d'aider votre ami à identifier l'esprit.

Il arrive de recevoir une visite d'un esprit que la personne ne parvient pas à identifier. Demandez alors à la personne de parler à un proche pouvant avoir connu cette personne quand l'esprit vivait sur le plan terrestre. N'oubliez pas de noter vos résultats.

Cet exercice n'est pas facile. Si vous n'arrivez à rien la première fois, ne vous jugez pas. Certains s'exercent des années avant de voir des esprits, alors que d'autres y arrivent facilement. Dans votre cas, cela se produira au moment opportun.

Postface

À cette étape-ci, si vous vous êtes exercé en même temps que vous lisiez cet ouvrage, vous devriez avoir acquis une certaine assurance quant à votre capacité à voir par clairvoyance. Vous êtes bien engagé dans le développement d'un nouveau talent ou le raffinement d'un don inné. Au bout du compte, la clairvoyance deviendra une amie fidèle.

Pour que la clairvoyance devienne un outil sur lequel vous pourrez compter pour prendre vos décisions, banales ou primordiales, il importe de continuer à vous exercer. C'est un peu comme apprendre à jouer du piano. Pour entretenir sa dextérité, on doit s'exercer. Autrement, on ne fera que pianoter sur le clavier, à peine capable de déchiffrer une mélodie, et on ne rendra pas pleinement justice à la musique. C'est la même chose pour ce qui est de la clairvoyance. Sans entraînement, vous risquez de perdre votre enthousiasme et, par conséquent, votre assurance pourrait s'effriter. Pour déployer votre talent, les exercices proposés dans ces pages peuvent être exécutés à l'infini. Persévérez sans relâche dans votre pratique.

En plus de vos séances d'entraînement, la vie vous offrira l'occasion de vous exercer. Quand j'ai étudié la médiumnité, l'une de mes consœurs fit un commentaire qui me revient encore aujourd'hui. Elle avoua qu'elle aimerait suivre des cours quotidiennement afin de multiplier les occasions de s'exercer. Elle sous-entendait que les cours étaient les seuls moments où elle pouvait exercer son don. Un autre étudiant, qui était avocat, lui fit remarquer qu'elle pouvait appliquer au quotidien ce qu'elle apprenait en classe. Il lui demanda ensuite si elle exerçait un métier qui lui offrait l'opportunité d'entrer en contact avec des gens. Elle répondit affirmativement. Il poursuivit en lui demandant si sa vie était parfaite ou si elle rencontrait parfois des situations qu'il lui fallait régler. Bien entendu, elle déclara qu'elle vivait en effet des situations qu'elle devait régler. Notre confrère conclut en lui disant qu'elle avait alors amplement d'occasions pour s'exercer.

Soyez à l'affût des occasions que la vie de tous les jours vous présente pour vous aider à peaufiner vos habiletés. Comme on le dit à propos de la vie : ce qui compte, ce n'est pas le but, mais le chemin pour y parvenir.

Bravo à vous et à votre regard visionnaire ! Qu'il reste à jamais aiguisé et exact !

Namaste!

Annexe

Ressources de développement*

Cassadaga Spiritualist Camp
P.O. Box 319
Cassadaga FL 32706
États-Unis
386 228-3171 ou 386 228-2880
www.cassadaga.org

Les révérends Phoebe Rose Bergin, Jim Watson, Dr Warren Hoover, Diane Davis et Arlene Sikora
(Pour communiquer avec le Camp spiritualiste de Cassadaga, utilisez les coordonnées apparaissant ci-dessus.)

Elizabeth Owens
www.elizabethowens.com et elizabeth@elizabethowens.com

---

* La plupart des ressources mentionnées sont disponibles en anglais seulement.

Carol Roberts
Milwaukee WI
(Pour obtenir les coordonnées de Carol, communiquez avec moi à l'adresse ci-dessus.)

National Spiritualist Association of Churches
P.O. Box 217
Lily Dale NY 14752
États-Unis
716 595-2020
www.nsac.org
(En consultant ce site Internet, vous pourrez obtenir les coordonnées des églises spiritualistes de votre région ainsi que des liens menant vers les sites Internet des camps spiritualistes, comme l'assemblée de Lily Dale, le Camp d'Etna et le Temple Heights.)

Lily Dale Assembly
5 Melrose Park
Lily Dale NY 14752
États-Unis
716 595-2442

Camp Etna
P.O. Box E
Etna ME 04434
États-Unis
207 269-2094

Temple Heights
P.O. Box 311
Lincolnville ME 04849
États-Unis
207 338-3029 (de juin à septembre)

Camp Chesterfield
P.O. Box 132
Chesterfield IN 46017
États-Unis
765 378-0235
www.campchesterfield.net

Morris Pratt Institute
11811 Watertown Plank Rd.
Milwaukee WI 53226
États-Unis
414 774-2994
www.morrispratt.org

Silva International, Inc.
1407 Calle del Norte
P.O. Box 2249
Laredo TX 78044-2249
États-Unis
1 800 545-6463
www.silvamethod.com

Association for Research & Enlightenment
(Fondation Edgar Cayce)
215 67th Street
Virginia Beach VA 23451
États-Unis
1 800 333-4499
www.edgarcayce.org

Glossaire

Aller vers la lumière : Expression utilisée pour décrire le moment où la vie d'une personne se termine sur le plan physique et où son esprit passe dans la dimension spirituelle de la vie. Selon les personnes qui ont vécu une expérience de mort imminente, quand quelqu'un décède et entre dans l'Au-delà, il voit une lumière blanche éblouissante. L'expression a aussi la connotation d'une présence spirituelle supérieure, tel Dieu.

Alpha : Les ondes cérébrales alpha sont associées à des états intérieurs d'activité mentale, de tranquillité, de repos et de détente. On les associe aussi à l'inspiration, à la créativité, à la guérison intense accélérée et aux perceptions extrasensorielles.

Au-delà ou Vie après la vie : Dimension spirituelle où l'on va après la mort du corps physique.

Cercle : « Participer à un cercle » est une expression servant à désigner le rassemblement régulier d'un certain nombre de personnes, en général au domicile d'un des participants, pour méditer afin d'entrer en contact avec les esprits. Un enseignant peut être présent ou non.

Clairvoyance : Capacité de sentir, de connaître de façon psychique. Cette capacité relève du mental ; par exemple, lorsqu'on sait qui appelle quand le téléphone sonne, ou que l'on sent à distance que son enfant est en danger. La clairvoyance est innée, mais plus ou moins développée selon les individus. Les clairvoyants professionnels ne sont pas tous nécessairement médiums.

Cours de développement : Cadre dans lequel une personne peut apprendre à renforcer ses facultés psychiques et médiumniques sous la gouverne d'un enseignant expérimenté, qui est lui-même clairvoyant ou médium.

Épanouissement : Résultat souhaité à la suite de la participation à des cercles ou à des cours destinés à enseigner la communication spirite et, au bout du compte, à « faire éclore » les facultés médiumniques du participant.

Esprit : C'est un mot qui comporte plusieurs sens. On peut définir l'esprit comme une forme lumineuse et éthérée, autrefois humaine, mais maintenant décédée, qui vit sur un autre plan d'existence. C'est aussi le terme employé pour désigner Dieu ou une puissance spirituelle supérieure.

Êtres de lumière : Êtres spirituels vivant dans l'Au-delà, le paradis ou le royaume spirituel.

Karma : On pourrait dire qu'il s'agit de « leçons de vie ». Certaines religions et nombre de gens croient que l'âme vient sur Terre pour régler certains problèmes précis, ou karma, afin de grandir spirituellement.

Lecteur : Personne qui donne des lectures médiumniques ou psychiques ou du counseling, ce qu'on appelle souvent « médium » ou « conseiller spirituel ».

Lecture : Activité au cours de laquelle une personne rencontre un médium ou un clairvoyant afin de recevoir de l'information et de l'aide sur sa vie pour surmonter ses difficultés. Le terme pourrait aussi s'appliquer à la personne qui offre des lectures de tarot. Les différentes formes de lecture ne supposent pas toutes nécessairement des communications spirites.

Lumière blanche : Représentation de Dieu ou d'une puissance spirituelle supérieure, débordant d'amour et protégeant de tous les maux.

Lumières spirituelles : Énergie spirituelle d'esprits incarnés qui manifestent leur présence.

Manifestation : Apparition d'un esprit par différents moyens — forme visible, son ou contact physique.

Matérialisation : Apparition d'un esprit, soit objectivement soit subjectivement, par l'œil physique ou le troisième oeil.

Méditation : Pratique consistant à faire taire le mental et à calmer le corps à l'aide d'imagerie guidée, de mantras ou de musique douce, dans le but de se détendre et d'obtenir de l'information spirituelle de l'Au-delà.

Médium : Personne sensible aux vibrations de la dimension spirituelle. Les médiums ont la capacité de communiquer avec les êtres qui vivent dans la dimension spirituelle de la vie grâce à différents moyens — en transmettant de l'information et en aidant ceux qui en font la demande. Tous les médiums sont aussi clairvoyants.

Messages : Salutations, renseignements, mises en garde, réconfort et conseil qu'on peut recevoir d'un esprit grâce à la médiumnité d'une personne. En général, les messages sont brefs et transmis à chacun des membres d'un groupe afin de faire la preuve de la continuité de la vie. Les services de communication spirite font partie des services religieux offerts par les spiritualistes.

Mini-lecture : Activité consistant, pour un médium, à faire une lecture individuelle de courte durée, par exemple un quart d'heure, à prix réduit. Beaucoup de médiums offrent fréquemment ce service au public dans le but d'amasser des fonds pour leur église.

Phénomène des voix directes : Dans le cadre d'une séance, on entend une voix qui ne provient pas du larynx du médium. Les esprits matérialisent un larynx à partir d'une substance tirée de l'organisme du médium, appelée « ectoplasme ». Comme les voix des esprits sont plutôt faibles, on se sert d'une trompette en aluminium pour les rendre plus audibles. Les esprits font léviter la trompette, qu'ils déplacent dans la pièce.

Phénomène physique : Moyens utilisés pour faire la preuve de la pérennité de la vie. Quelques exemples seraient la matérialisation d'un esprit à partir d'un cabinet, une trompette qui s'élève, une table qui bouge, ou une voix émanant d'une personne ou d'un objet.

Projection ou voyage astral : Action consistant, pour l'esprit, à quitter le corps durant le sommeil ou par un effort conscient, et à voyager dans la dimension spirituelle ou dans une région du plan terrestre autre que celle où se trouve le corps physique.

Séance : Le terme était populaire au cours des années 1880 et au début des années 1900, quand on se réunissait dans une pièce obscure pour communiquer avec les esprits par l'entremise de divers moyens. Toutefois, la participation à des cours de développement psychique serait aujourd'hui une définition plus actuelle et plus juste. Sur le plan technique, quand on participe à un cercle, on prend part à une séance.

Spiritualisme : Religion, science et philosophie qui croient à la pérennité de la vie, et qui se fondent sur les communications reçues des êtres qui vivent dans la dimension spirituelle, dont la preuve a été faite par l'entremise de la médiumnité. Grâce à ces communications, on peut recevoir des conseils d'êtres spirituels éclairés sur des questions aussi bien matérielles que spirituelles. Le spiritualisme soutient la responsabilité individuelle, la règle d'or et la croyance qu'il est toujours possible de se réformer.

Spiritualiste : Personne qui, en se fondant sur sa religion, croit à la pérennité de la vie et à la responsabilité individuelle, et s'engage à modeler sa personnalité et sa conduite en accord avec les enseignements supérieurs dérivés de la communion avec la dimension spirituelle. Le spiritualiste n'est pas nécessairement médium.

Symbole : Interprétation qu'on peut décoder après avoir vu un objet en méditation ou en rêve.

Troisième œil : Un des centres énergétiques présents dans l'organisme de tout être humain, aussi appelés «chakras». Le troisième œil se trouve entre les deux yeux, légèrement au-dessus des sourcils. On l'appelle aussi «œil omnivoyant».

Trompette : Instrument servant à démontrer un phénomène physique. Généralement faite d'aluminium très léger, la trompette a la forme d'un cône télescopique, ce qui en facilite le rangement.

Bibliographie

BRINKLEY, Dannion et Paul PERRY. *Sauvé par les anges*, Paris, Robert Laffont, 1995.

BUCKLAND, Raymond. *Buckland's Book of Spirit Communications*, St. Paul, Minnesota, Llewellyn Publications, 2004.

CARRINGTON, Hereward. *Your Psychic Powers*, Brooklyn, New York, Astrol Company, 1939.

CRYSTAL, Ellie. «Psychic and Spiritual Clairvoyance», auteure/propriétaire, site Internet de science et de métaphysique, http://www.crystalinks.com.

FODOR, Nandor. *An Encyclopaedia of Psychic Science*, Secaucus, New Jersey, Citadel Press, 1966.

GUNDLACH, O.V. «Holland's Premier Psychic Visits America», *Psychic Observer*, n° 220, 10 novembre 1947.

Leah, Frank et Marcel Poncin. « Artists Who Paint the Dead », *Psychic Observer*, n° 17, 25 mai 1939.

McLintock, James M. « Londoner's Diary », *Psychic Observer*, n° 519, 25 juin 1960.

McVey, Frances Haines. « Automatic Painting », *Psychic Observer*, n° 412, 10 novembre 1955.

Moody, Raymond. *Rencontres*, Paris, J'ai Lu, 1999.

Myers, Arthur. « Molly Fancher : A Remarkable Psychic Story », *Psychic Observer*, n° 24, 10 septembre 1939.

Owens, Elizabeth. *How to Communicate with Spirits*, St. Paul, Minnesota, Llewellyn Publications, 2002.

Phenomonist. « Psychic Artistry Proof Not Only of Survival but Also of Communication », *Psychic Observer*, n° 527, 25 octobre 1960.

Pressing, Robert G. « Spirit Paintings by Precipitation », *Psychic Observer*, n° 2, 10 septembre 1938.

Psychic News Reporter. « Healer Draws His Guide », *Psychic News*, Londres, n° 1724, 19 juin 1965.

Riley Heagerty, N. « Spirit Portraits », *National Spiritualist Newsletters*, numéros de janvier à juillet 1997.

Smith, Fernando. « Young Artist Medium Paints to the Classics », *Psychic Observer*, n° 471, 25 juin 1958.

Stratton, Fred. « Automatic Painting of Drowning Tragedy », *Light : Journal of Spiritualism and Psychical Research*, n° 54, 18 octobre 1934.

Wallis, E. W. et M. H. Wallis. *A Guide to Mediumship and Psychical Unfoldment*, Mokelumne Hill, California : Health Research, 1968.

Lecture recommandées

BODINE, Echo. *A Still Small Voice*, Novato, California, New World Library, 2001.

BODINE, Echo. *Echoes of the Soul*, Novato, California, New World Library, 1999.

BREATHNACH, Sarah Ban. *Simple Abundance*, New York, Warner Books, 1995.

BUCKLAND, Raymond. *Buckland's Book of Spirit Communications*, St. Paul, Minnesota, Llewellyn Publications, 2004.

CERMINARA, Gina. *De nombreuses vies, de nombreuses demeures*, Paris, Adyar, 1996.

DYER, Wayne W. *Accomplissez votre destinée*, Montréal, Carte blanche, 1999.

GAWAIN, Shakti. *Techniques de visualisation créatrice*, Paris, J'ai Lu, 2003.

GAWAIN, Shakti. *Vivez dans la lumière*, Paris, J'ai Lu, 2004.

OWENS, Elizabeth. *Discover Your Spiritual Life*, St. Paul, Minnesota, Llewellyn Publications, 2004.

OWENS, Elizabeth. *How to Communicate with Spirits*, St. Paul, Minnesota, Llewellyn Publications, 2001.

SHINN, Frances Scovel. *Le jeu de la vie et comment le jouer*, Paris, Nicole Bussière, 2008.

STEARN, Jess. *Le prophète endormi. Prophéties en état de transe*, Munich, Droemer Knaur, 1992.

WALSH, Neale Donald. *Conversations avec Dieu*, Outremont, Ariane, 1997.

WILLIAMSON, Marianne. *Illuminata*, New York, Random House, 1994.

WILLIAMSON, Marianne. *Un Retour à l'amour*, Montréal, Éditions du Roseau, 1993.

À propos de l'auteure

Elizabeth Owens est clairvoyante certifiée et ministre de l'Église spiritualiste. Elle enseigne le développement spirituel au Camp spiritualiste de Cassadaga, en Floride, où elle habite.

Aussi disponibles

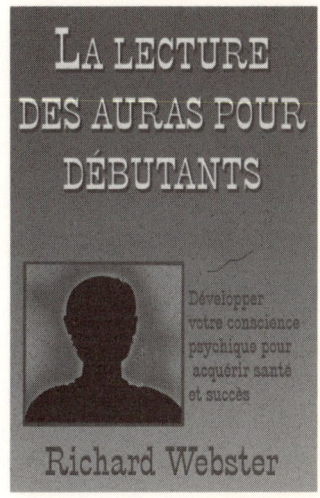

Pour obtenir une copie de notre catalogue :

Éditions AdA Inc.
1385, boul. Lionel-Boulet, Varennes, Québec, J3X 1P7
Téléphone : (450) 929-0296, Télécopieur : (450) 929-0220
info@ada-inc.com
www.ada-inc.com

Pour l'Europe :
France : D.G. Diffusion Tél.: 05.61.00.09.99
Belgique : D.G. Diffusion Tél.: 05.61.00.09.99
Suisse : Transat Tél.: 23.42.77.40

www.AdA-inc.com
info@AdA-inc.com